Teresa Hochmuth

Träum schön, Lilli

Meine liebsten Gute-Nacht-Geschichten

Mit Illustrationen von
Maria Bogade

cbj

Sollte diese Publikation Links auf Webseiten Dritter enthalten, so übernehmen wir für deren Inhalte keine Haftung, da wir uns diese nicht zu eigen machen, sondern lediglich auf deren Stand zum Zeitpunkt der Erstveröffentlichung verweisen.

 Dieses Buch ist auch als E-Book erhältlich.

Verlagsgruppe Random House FSC® N001967

1. Auflage 2018
© 2018 cbj Kinder- und Jugendbuchverlag in der
Verlagsgruppe Random House GmbH,
Neumarkter Straße 28, 81667 München
Alle Rechte vorbehalten
Little Friends © Habermaaß GmbH, Bad Rodach
Design der Little Friends: Ines Frömelt
Text: Teresa Hochmuth nach einem Konzept in
Zusammenarbeit mit Rotraud Tannous
Illustrationen: Maria Bogade nach den Spielzeugdesigns von Ines Frömelt
Umschlaggestaltung: init Kommunikationsdesign, Bad Oyenhausen
cl · Herstellung: UK
Reproduktion: Lorenz & Zeller, Inning a.A.
Druck: Alföldi Druckerei AG, Debrecen
ISBN: 978-3-570-17545-3
Printed in Hungary

Mehr zu den Little Friends auf www.haba.de/little-friends
www.cbj-verlag.de

Inhaltsverzeichnis

Das Traumreisekissen ... 11

Mona und die Sandräuber-Hennen ... 21

Mali und die Regenwolken ... 31

Matze und das Mondschaf ... 39

Lilli und Pippa, das Zebra ... 48

Mali und die Funkelfeenflügel ... 58

Matze und die Rate-Piraten ... 70

Mona und der Schrumpelhut ... 82

Lilli und ihre Freunde

Die Little Friends, das sind Lilli, Mali und Matze. Sie wohnen bei Mona im Kinderzimmer. Und pssst! Mit Mona teilen sie ein Geheimnis: Wenn kein Erwachsener dabei ist, werden die Puppen lebendig!

Lilli liebt nicht nur die Farbe Rosa, sie ist auch rosa, von den Haaren bis zu den Schuhen. Sie wohnt noch nicht so lange bei Mona und muss noch einiges über die Welt der echten Kinder lernen. In Lillis Kopf geht gerne einmal alles drunter und drüber und so verwechselt sie Wörter oder bringt die anderen Puppen mit ihren eigenen Wort-Erfindungen zum Lachen. Aber langweilig wird es mit Lilli nie, denn sie hat immer eine neue, verrückte Idee.

Matze ist ein richtiger kleiner Lausejunge mit mächtig Unfug im Kopf. Er bringt Mona und seine Freunde manchmal in Schwierigkeiten. Aber wenn es drauf ankommt, ist er immer zur Stelle und hilft den anderen aus der Patsche. Matze spielt gerne Fußball oder Geheimagenten, fährt Skateboard und ist sehr tierlieb.

Mali liebt Bücher, Ballett und alles, was grün ist. Das Lesen hat sie sich selber beigebracht. Sie ist ruhiger und vorsichtiger als ihre Freunde Lilli und Matze. Aber auch wenn sie auf den ersten Blick etwas schüchtern oder ängstlich erscheint, kann Mali manchmal mutiger sein als alle anderen.

Mona geht gerne in den Kindergarten, mag Basteln, Abenteurer spielen und draußen herumtoben. Aber am liebsten spielt sie mit ihren kleinen Freunden. Deshalb nimmt sie die drei auch überallhin mit. Das Puppenhaus hat Mona von ihren Eltern geschenkt bekommen. Aber Mama und Papa haben keine Ahnung, dass die Little Friends lebendig sind und sprechen können. Denn Mona passt immer gut auf, dass ihr Geheimnis nicht entdeckt wird. Lilli, Matze und Mali sind sich einig: Mona ist die beste Puppenmama der Welt.

Das Traumreisekissen

»Sollen wir Einkaufen spielen? Oder Dschungelforscher? Oder Verreisen?«, fragt Lilli hibbelig. Sie hat schon die ganze Zeit darauf gewartet, dass Mona aus dem Kindergarten nach Hause kommt.

»Keine Lust«, grummelt Mona und setzt sich an ihren Maltisch.

Lilli wundert sich: Seit wann hat Mona keine Lust, Verreisen zu spielen? Was ist denn los mit ihr?

»Monas Mama fährt doch heute noch auf Fortbildung«, flüstert Mali ihr zu.

Jetzt fällt es Lilli auch wieder ein. Eine Woche lang wird Monas Mama weg sein. Kein Wunder, dass Mona ein bisschen flau im Magen ist. Natürlich ist es nicht das erste Mal, dass Mama nicht da ist. Und Mona findet es mit Papa allein auch immer lustig. Beim Ins-Bett-Bringen liest er sogar mehr Geschichten vor als Mama. Manchmal drei oder vier Bilderbücher hintereinander! Aber ohne einen Gute-Nacht-Kuss von Mama fällt Mona das Einschlafen doch schwer …

»Mona, kommst du?«, ruft Mama von unten. »Ich will dir Tschüss sagen!«.

Mona schlurft langsam die Treppe herunter. Mama hat schon den Mantel angezogen. Ihr kleiner Rollkoffer steht bereit.

»Lass dich noch mal fest drücken, meine Maus«, sagt sie und zieht Mona an sich.

Mona hat einen Kloß im Hals. Verreisen ist doof, Abschiede sind noch viel doofer.

Da zaubert Mama eine kleine Geschenktüte hinter ihrem Rücken hervor: »Damit du heute Abend gut einschlafen kannst!«.

Mona linst in die Tüte und zieht ein kleines Kissen heraus. Es ist aus ganz bunten Stoffresten genäht, gepunktet, gestreift, geblümt und getigert, mit Troddeln an den Rändern.

»Ich hab es in einem kleinen Laden entdeckt«, erzählt Mama. »Ein ganz verrückter Laden war das. Die Verkäuferin hatte grüne Haare und es roch ein bisschen seltsam. Als ich es gesehen habe, wusste ich gleich, das ist für meine Mona-Maus.«

Mona besieht sich das komische Kissen und runzelt die Stirn: »Das soll mir beim Einschlafen helfen?«

»Wirst schon sehen«, meint Mama geheimnisvoll. Dann gibt sie Mona noch einen dicken Kuss, und Papa auch, und schon ist sie mit ihrem Koffer zur Tür hinaus.

»Was soll ich denn mit einem Kissen, wo gerade mal mein Ohr draufpasst«, mosert Mona, als sie zurück ins Kinderzimmer kommt, und lässt sich auf ihr Bett fallen. Sie weiß überhaupt nicht, was sie von Mamas Geschenk halten soll.

Matze, Mali und Lilli wollen das Kissen sehen. Lilli findet es schön, so kunter-kuddelmuddel-bunt, wie es ist. Mali schnuppert daran. Es riecht irgendwie eigenartig, aber gut. Nach Meerwasser und Zirkus-Sägemehl …

»Und Brausepulver«, findet Matze.

Lilli legt sich mal zur Probe drauf. Für sie hat das Kissen genau die richtige Größe. Vom Kopf bis zu den Füßen sinkt ihr ganzer Körper ein, wie in ein Bett aus fluffig weicher Watte. Wohlig schließt Lilli die Augen.

»Pass auf, dass du nicht gleich einschläfst!«, lacht Matze. Doch Lilli antwortet nicht. Sie schaut ein bisschen verdutzt aus, wie sie so daliegt, mit geschlossenen Augen.

»He, Lilli? Alles in Ordnung?«, fragt Mona.

»Vielleicht ist sie wirklich schon eingeschlafen«, meint Mali.

»So schnell kann doch keiner einschlafen«, findet Matze und stupst Lilli an. »He, Lilli, hörst du mich?«

»Ey! Lass mich!«, brummt Lilli, ohne die Augen zu öffnen. »Ich schlaf doch nicht. Aber das Komische ist – ich träume schon!«

Mali, Matze und Mona sehen sich verwundert an. Was soll denn das heißen?

Lilli kann es auch nicht erklären. »Wollt ihr wissen, was ich träume?«, fragt sie.

Natürlich wollen die anderen das.

»Dann legt euch hin und machtdie Augen zu«, sagt Lilli. Als sich alle zu ihr ins Bett gekuschelt haben, beginnt Lilli zu erzählen …

Sie träumt, dass das bunte Kissen sich langsam aufpustet wie eine Luftmatratze. Es wird immer größer. Bald ist es so groß, dass Mona sich ganz bequem zu ihr setzen kann.

»Kommt, steigt mit auf«, sagt Lilli im Traum und reicht Matze und Mali die Hand.

Kaum haben die beiden Platz genommen, hebt das komische Kissen vom Boden ab. Erst schwebt es ganz gemächlich durchs Kinderzimmer, auf das offene Fenster zu und durch das Fenster hinaus in den Abendhimmel. Immer höher steigt das Kissen und nimmt dabei an Fahrt auf.

»Wo fliegen wir denn hin?«, will Mali wissen. Ihr ist das alles ein bisschen unheimlich.

»Keine Ahnung«, sagt Lilli und schaut staunend nach unten. Die Häuser, Autos und Straßen werden immer kleiner. Bald können sie die Stadt nicht mehr sehen. Aber das Kissen scheint ganz genau zu wissen, wo es hinwill. Es zischt durch die Abendwolken, dass Lilli und ihren Freunden der Wind nur so um die Ohren pfeift.

Es dauert gar nicht lange, da wird das Flug-Kissen wieder langsamer. Der Boden kommt näher und schließlich sinkt das Kissen herunter auf

eine kleine Straße. Dort kommt es sanft zum Liegen. Kein Mensch ist unterwegs, nur die Straßenlaternen tauchen das Kopfsteinpflaster in ein warmes Licht.

Lilli hüpft von ihrem Fluggerät und sieht sich um. »Wo sind wir denn hier?«, fragt sie.

Aber Mona kennt die Straße auch nicht. Kaum sind alle abgestiegen, schrumpelt das Kissen in sich zusammen wie ein Luftballon, dem die Luft ausgegangen ist. Jetzt ist es wieder genauso klein wie vorher. Mona hebt es vom Boden auf. Was hat ihre Mama ihr da nur geschenkt?

Lilli ist schon ein Stück weiter die Straße entlanggelaufen. »Guckt mal!«, ruft sie und deutet auf einen alten Laden, in dem noch Licht brennt. Das schmale Schaufenster ist voll mit bunten Kissen in allen Größen. Sie sehen genauso wunderlich aus wie Monas Flug-Kissen.

»Vielleicht ist das der Laden, wo Mama das Kissen gekauft hat«, überlegt Mona.

»Komm, da gehen wir rein!«, entscheidet Lilli.

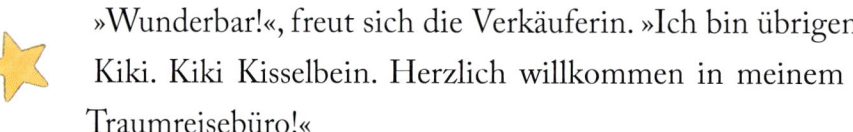Die Ladenglocke bimmelt, als Mona die Tür öffnet. Eine junge, grünhaarige Frau taucht hinter dem Tresen auf. Auf ihrer runden Nase hat sie lustige Sommersprossen, die ein bisschen aussehen wie kleine Sterne.

»Guten Abend«, sagt Mona.

»Hallo!«, sagt Lilli, die hinter Mona die Türschwelle hinaufgeklettert ist.

Die grünhaarige Kissen-Verkäuferin zwinkert Mona und ihren Puppen zu: »Einen wunderschönen guten Abend allerseits!«.

Da erst wundert sich Lilli, warum sie gerade nicht stumm und steif umgefallen ist, wie sonst immer, wenn ein Erwachsener sie sieht. Auch Mali und Matze schauen ganz verdattert. Aber im Traum ist ja vieles möglich, denkt Lilli.

»Alles ist im Traum möglich«, berichtigt die Verkäuferin sie. Dabei hat Lilli das eben doch gar nicht laut gesagt! »Und genau deswegen seid ihr ja hier, stimmt's?«, fährt die Sommersprossen-Frau fort. »Ihr wollt euer Traumreisekissen befüllen?«

»Äh … ja, also, ich glaube schon«, stottert Mona etwas überrumpelt.

»Wunderbar!«, freut sich die Verkäuferin. »Ich bin übrigens Kiki. Kiki Kisselbein. Herzlich willkommen in meinem Traumreisebüro!«

Geschäftig wendet sich die Frau, die Kiki heißt, nun zu den vielen Schraubgläsern, die hinter ihr in einem Regal stehen. Bis unter die Decke reichen die Gläser-Reihen. Die höchsten Regalbretter kann man nur mit einer Leiter erreichen. »Wir haben alles da«, erklärt Kiki und zeigt auf die Gläser. »Feenstaub, Drachen-

schuppen, rosa Wolkenflocken oder die ganz verrückte Spaß-Traum-Mischung. Und wenn's auch ein bisschen gruselig sein darf, würde ich die Geisterwattefüllung empfehlen.«

Mona weiß gar nicht, wo sie anfangen soll. Das hört sich alles toll an.

»Also, ich mag spannende Träume«, sagt Matze. »So richtige Abenteuer.«

Kiki nimmt ein Glas aus dem Regal, das mit Sand gefüllt zu sein scheint: »Wie wär's mit ein paar Löffeln Südsee-Piratensand?«, fragt sie.

»Au ja!«, freut sich Matze.

Kiki lässt sich von Mona das Kissen geben. Sie öffnet den Reißverschluss auf der Rückseite. Dann schiebt sie einen goldglänzenden Trichter in die Öffnung und lässt vorsichtig ein bisschen von dem Piratensand hineinrieseln.

Mali sieht ihr dabei staunend zu.

Kiki schaut auf und lächelt Mali an. »Du magst bestimmt lieber schöne Märchenträume, oder?«, vermutet sie.

Mali nickt schüchtern.

»Vielleicht ein bisschen Funkelzauberwolle – und natürlich Feenstaub!«, entscheidet Kiki und nimmt zwei glitzernde Schraubgläser aus dem Regal. Auch davon füllt sie ein bisschen in Monas Kissen.

Lilli weiß schon, was sie will: die verrückte Spaß-Traum-Mischung. Die klingt am lustigsten, findet sie. Mona wählt einen Traumflocken-Mix mit ganz vielen Tieren.

Als Kiki von allem etwas in das Kissen gefüllt hat, ist es ziemlich prall. Sie schließt den Reißverschluss. »Sehr gute Wahl!«, lobt Kiki ihre Kunden. »Damit werdet ihr ganz viele fantastische Traumreisen machen. Ihr wisst ja, wie es funktioniert, oder?«

Mona schüttelt den Kopf. Ihre Mama hat ihr ja gar nichts zu dem Kissen erzählt.

»Es ist ganz einfach«, erklärt Kiki. »Vor dem Einschlafen drauflegen, Augen zumachen – und los geht's! Ich wünsche euch wunderschöne Träume!«

Damit gibt Kiki Mona das Kissen zurück. Kaum hat Mona es in der Hand, fängt es auch schon an, sich wieder aufzupusten, und zieht Mona zur Tür.

»He! Langsam!«, bremst Mona und steckt schnell ihre Puppen in die Hosentasche. Sie kann sich gerade noch mal umdrehen und sich bei Kiki bedanken.

»Tschüss, Kiki! Schönen Abend noch!«, rufen Lilli, Mali und Matze.
»Guten Flug«, ruft Kiki. »Und kommt gerne mal wieder vorbei!«. Aber da sind Mona und die Puppen bereits zur Tür hinaus. Mona springt auf das Traumreisekissen und schon zischt es hoch in die Luft – und ab nach Hause.

Im Kinderzimmer öffnet Lilli strahlend die Augen und setzt sich auf: »Toll, oder?«

Mona, Matze und Mali sehen sie baff an: »Das hast du wirklich gerade alles geträumt?«

Lilli nickt. Sie ist überzeugt, dass das Traumreisekissen genau so funktioniert, wie Kiki Kisselbein gesagt hat. »Wir können uns ja jeden Abend immer abwechselnd darauflegen«, schlägt sie vor. »Und der, der träumen darf, erzählt den anderen, wo er hinreist und was er erlebt.«

Matze freut sich schon auf wilde Piratenträume und Mali auf die Funkelzauber-Feenträume. »Vielleicht ist Kiki selber eine Fee«, überlegt Mali. »Schließlich hat sie grüne Haare. Und Sternchen-Sommersprossen!«

»Quatsch«, widerspricht Matze. »Feen sind doch viel kleiner.«

»Und Feen haben keine Reisebüros«, glaubt Lilli. »Kiki ist eine ganz normale Kissenverkäuferin. Na ja, eine Traum-

kissenverkäuferin. Eine Traumreisekissenladenhüterin. Oder vielleicht eine Traumkissenreisefüllerin.«

»Das heißt bestimmt Traumreisekissenkauffrau«, meint Mali. »Aber ich glaube immer noch, dass sie auch eine Fee ist. Was meinst du, Mona?«

Aber Mona antwortet nicht. Sie ist eingeschlafen.

Leise rutschen die kleinen Freunde von Monas Bett und schleichen sich auf Zehenspitzen zurück ins Puppenhaus.

»Gute Nacht!«, flüstert Lilli.

Als Papa kurz darauf den Kopf in Monas Zimmer steckt, ist er ganz verdutzt. Er wollte Mona doch vor dem Ins-Bett-Gehen noch drei oder vier Geschichten vorlesen, mindestens! Und jetzt schläft sie schon tief und fest, noch in Hose und T-Shirt, ohne Abendessen und Zähneputzen, und ganz ohne Mamas Gute-Nacht-Kuss – aber mit einem zufriedenen Lächeln im Gesicht.

Mona und die Sandräuber-Hennen

»Mama sagt, dass die Kissen-Verkäuferin keine Sternchen-Sommersprossen hatte«, wundert sich Mona. Sie hat gerade mit ihrer Mama telefoniert und von der Traumkissenreise erzählt. Aber Mama hat ihr wohl nicht ganz geglaubt.

»Sie hat bestimmt nur nicht richtig hingeschaut«, meint Lilli.

Mona nickt. Erwachsene sind manchmal ziemlich unaufmerksam, findet sie. Wahrscheinlich war ihre Mama in Eile und hat das Kissen gekauft, ohne richtig nachzufragen, was es damit auf sich hat. Auf jeden Fall freut Mona sich darauf, das Kissen heute selber auszuprobieren. Dafür hat sie sich extra früh ihren Schlafanzug angezogen und die Zähne geputzt. Papa war darüber ein bisschen verwundert, aber Mona hat ihm vorgeflunkert, dass sie vom vielen Sandburgenbauen heute Nachmittag ganz, ganz müde ist.

Mali, Lilli und Matze sitzen schon auf Monas Bett.

»Iiih, hier ist ja überall Sand«, quietscht Mona, als sie die Bettdecke zu-

rückschlägt. »Wer hat nach dem Spielplatz seine Schuhe nicht ordentlich ausgeschüttelt?«

»Ich war's nicht«, sagt Lilli.

»Ich auch nicht«, sagt Mali.

»Ich schon gleich gar nicht«, behauptet Matze.

Mona wischt grummelnd den Sand vom Laken. Dann kuschelt sie sich ins Bett und schiebt, das bunte Kissen unter ihren Kopf. Die kleinen Freunde schmiegen sich eng an sie. Mona zählt leise bis drei und dann machen alle gleichzeitig die Augen zu. Wohin ihre Traumreise wohl heute gehen wird?

Im Traum steht Mona mit ihren kleinen Freunden wieder auf dem riesigen Abenteuer-Spielplatz, den sie am Nachmittag mit Papa besucht hat. Aber jetzt ist es dunkle Nacht. Mona schaut sich um: Kein anderes Kind ist da, die Schaukeln hängen ganz ruhig, das Karussell dreht sich nicht. Die tolle Burg, die sie vorhin gebaut hat, steht noch. Ein paar Sandspielsachen liegen herum. Die muss jemand vergessen haben.

»Irgendwie komisch, so ein Spielplatz bei Nacht«, findet Mali.

»Hast du deine Schaufel dabei, Mona?«, will Matze wissen. »Dann können wir an unserem Loch weitergraben.«

»Au ja!«, ruft Mona. Als Mona am Nachmittag mit ihrer Sandburg fertig war, wollten sie und Matze noch das allertiefste Loch der Welt graben. Aber dann hat Papa gerufen und Mona und die Puppen mussten nach Hause gehen.

Schnell hat Matze die Stelle mit dem Loch wieder gefunden.

Direkt daneben steckt Monas große, rote Schaufel im Sand. Mona ist sich ganz sicher, dass sie die Schaufel vorhin mit nach Hause genommen hat. Aber im Traum passieren ja manchmal komische Dinge, denkt Mona und beginnt eifrig zu buddeln.

»Wo kommt man wohl raus, wenn man sich durch die ganze Erde durchbuddelt?«, fragt Matze.

»Na, in Aus-Troll-Italien«, sagt Lilli. »Da wohnen Trolle und Kängurus. Das hat Monas Mama mal erklärt.«

»Australien heißt das«, berichtigt Mali sie. »Und so ganz stimmt das nicht. Wenn man ganz gerade buddelt, kommt man nämlich im Meer von Australien raus.«

»Na gut«, meint Matze. »Dann buddeln wir eben bis zum Meer von Australien. Hörst du schon die Wellen, Mona?«

Mona lauscht. Da kommt wirklich ein Geräusch aus dem Loch. Aber es hört sich eher wie ein Gackern an. Seltsam … Sie gräbt weiter.

»He, was soll das?«, kreischt plötzlich eine Hühnerstimme. »Geh weg da mit deiner Schaufel! Du machst unsere Räuberhöhle kaputt!«

Mona zieht erschrocken ihre Schaufel aus dem Loch. Und jetzt erkennt sie es auch: Sie muss beim

Buddeln durch die Decke einer riesigen Höhle gestoßen sein. Und in dieser Höhle sitzt ein dickes, sandfarbenes Huhn. Ganz vorwurfsvoll sieht es Mona mit einem Hühnerauge an. Das andere ist hinter einer schwarzen Augenklappe verborgen.

»Oh, tut mir leid«, sagt Mona.

»Na, besten Dank«, poltert die Räuberhenne gar nicht freundlich zurück. »Und wer bringt das jetzt wieder in Ordnung? Meine Bande hat jedenfalls Besseres zu tun!«

Mona schaut sich verwundert um. Wo ist denn diese Bande, von der die Oberhenne redet? Sie kann nur erkennen, dass von der Höhle noch eine ganze Reihe unterirdischer Gänge abzweigen. Ob die Sandhühner wohl den ganzen Spielplatz untertunnelt haben, fragt sie sich.

Da stecken plötzlich überall um sie herum Hennen mit Augenklappen ihre Köpfe aus den Buddellöchern, die die Kinder den Tag über hinterlassen haben. Sie sehen sich suchend um.

»Oh, lecker, ein angeknabbertes Brezelstück«, gackert eine Henne und stürzt sich sofort darauf. Sie pickt es auf, nimmt auch noch einen halben, sandigen Keks mit und verschwindet dann wieder in ihrem Loch.

»Guck, noch mehr Sandtöpfe! Die kommen in unsere Schatzkammer!«, krakeelt eine andere und zieht zwei bunte Förmchen mit sich nach unten.

»Ui, ein rosa Was-auch-immer-das-ist!«, kreischt eine dritte – und schnappt begeistert mit ihrem Schnabel nach Lilli!

»Neeeein!«, schreit Lilli. »Weg da, lass mich los, du freches Federvieh!« Aber das Huhn hat sie mit seinem Schnabel am Rock erwischt. Jetzt baumelt Lilli hilflos in der Luft.

»Halt, stopp!«, schreit Mona erschrocken und rennt auf die Räuberhenne zu, um Lilli zu retten.

Aber die Henne ist schneller. Sie lässt Lilli in ein Loch fallen, bevor Mona ihr helfen kann.

»Das ist meine Puppe!«, ruft Mona. »Gib sie sofort wieder her!«

»So ein Käse«, gackert die Räuberhenne unbekümmert. »Die gehört uns. Alles, was hier herumliegt, gehört uns!«

»Stimmt genau!«, rufen auch die anderen Hühner. »Selber schuld, wenn du nicht auf deine Sachen aufpasst!«

Mali und Matze sind starr vor Schreck. Bevor sie auch noch geklaut werden, schnappt Mona sich die beiden und steckt sie in ihre Tasche. Dann baut sie sich vor den frechen Sandhühnern auf und kneift gefährlich die Augen zusammen, so wie ihre beste Freundin Tina es macht, wenn sie richtig sauer ist. »Ihr gebt mir jetzt sofort meine Lilli zurück, sonst gibt's ein Riesendonnerwetter!«, sagt sie laut und mit fester Stimme – obwohl ihr dabei ganz schön mulmig ist.

Aber das beeindruckt die Räuberhennen nicht.

»Und was kriegen wir, wenn wir sie dir zurückgeben?«, fragt das Oberhuhn, das inzwischen aus einem Buddelloch gekommen ist.

Mona wühlt in den Taschen ihrer Latzhose. Sie findet ein kleines Tütchen Gummibären. Drei Stück sind noch drin. »Wie wär's damit?«, fragt Mona.

»Pfff!«, macht das Oberhuhn. »Was meinst du, wie oft wir die hier finden? Da musst du dir schon was Besseres ausdenken!«

Angestrengt grübelt Mona, was den Hühnern wohl gefallen könnte. Da sieht sie, wie eines von ihnen eine kleine Plastikgabel aus dem Sand pickt. Die muss einem Kind beim Pommesessen heruntergefallen sein. Das Huhn versucht, damit Sand zu schippen, aber der rieselt zwischen den drei Zinken durch.

»Das ist ja eine ganz mistige Schaufel«, gackert das Huhn aufgebracht und will die Gabel im hohen Bogen wieder wegwerfen.

»Aber das ist doch keine Schaufel. Das ist eine Pommesgabel!«, erklärt Mona.

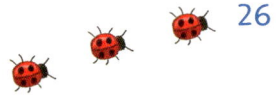

»Aha. Und was macht man damit?«, will das Huhn wissen.

»Na, Pommes essen. Oder Sandburgen hübsch verzieren. Guck, so wie da!«, sagt Mona und zeigt auf die Burg, die sie heute Nachmittag gebaut hat. Die ist ihr wirklich gut gelungen: In die Burgmauer hat Mona ein schönes Wellenmuster geritzt, es gibt einen richtigen Wassergraben rundherum, und mit dem Eislöffel hat sie runde Kuppeldächer auf die Türmchen gesetzt.

»Du hast diese Burg gebaut!?«, fragt das Oberhuhn und macht große Augen.

»Ja, klar«, sagt Mona.

»Das gibt's doch nicht … Dann bist du die meisterliche Sandburg-Baumeisterin!«, flüstert das Oberhuhn ganz ehrfürchtig.

»Öh … Ich bin Mona«, sagt Mona.

Die anderen Hühner sehen sie bewundernd an. Jeden Abend bestaunen sie die tollen Sandbauwerke, die die meisterliche Sandburg-Baumeisterin errichtet hat. Mit Hühnerkrallen kann man nämlich nur schwer Burgen bauen.

»Einmal in so einem Schloss mit Kuppeltürmchen Eier legen, das wäre ein Traum«, schwärmt das Oberhuhn.

Da hat Mona eine Idee. »Wenn ich eure Räuberhöhle in ein stattliches Sandräuberschloss umbaue, bekomme ich dann meine Lilli zurück?«, fragt sie.

Die Hühner gackern begeistert.

»Einverstanden«, sagt das Oberhuhn und reicht Mona seinen sandigen Flügel, um den Handel zu besiegeln. Mona schüttelt ihn und schnauft erleichtert durch.

Die Räuberhennen zeigen Mona ihre geheime, unterirdische Schatzkammer, wo alle Sandspielsachen verstaut sind, die sie über die Jahre auf dem Spielplatz erbeutet haben. Mona darf sich nehmen, was sie zum Bauen braucht. Unter den vielen Förmchen, Rechen, Bechern und Sieben entdeckt Mona auch ihr altes, lilafarbenes Sandschäufelchen und Tinas roten Lieblingseimer, der irgendwann einfach verschwunden war. Klar, dass sie die Sachen hier finden würde! Mona packt das Schäufelchen in den Eimer und noch ein paar andere Werkzeuge dazu. Dann macht sie sich an die Arbeit. Zusammen mit Mali und Matze krabbelt sie durch einen engen Gang in die große Räuberhöhle. Als Erstes spachtelt sie mit etwas feuchtem Sand das Loch in der Decke

wieder zu. Als Nächstes glättet sie die Wände mit ihrer Schaufel. Dann ritzt Mali mit der Pommesgabel Tapetenmuster hinein, während Matze schon plant, wo man die gewünschten Türmchen mit Zinnen und Kuppeldächern hinbauen könnte. Und Mona formt noch eine geschwungene Schlosstreppe in den Höhleneingang. Die Räuberhennen staunen nicht schlecht: Was für ein nobles neues Zuhause!

Kaum hat Mona sich den Sand von den Händen gewischt, kommt auch schon das freche Huhn, das Lilli geklaut hat. Vorsichtig bringt es Lilli wie versprochen zurück. Lilli ist sehr froh, wieder bei ihren Freunden zu sein und klettert schnell auf Monas Arm.

»Ja, dann … vielen Dank und bis bald mal«, gackert die Oberhenne.

Aber Mona ist noch nicht ganz fertig. Streng sieht sie die Räuberhühner an: »Damit das ab sofort klar ist: Alte Brezeln, Kekse oder Gummibären könnt ihr nehmen, so viel ihr wollt. Aber die Sandspielsachen bleiben liegen! Nur, wenn kein Name draufsteht und wirklich niemand mehr danach sucht, dann dürft ihr sie haben!«

»Na gut, okay …«, grummeln die Hühner kleinlaut.

Damit nimmt Mona ihre kleine

Schaufel und Tinas Eimer, wünscht den Räuberhennen noch einen schönen Abend und macht sich mit Lilli, Mali und Matze zufrieden auf den Heimweg.

Zurück im Kinderzimmer blinzelt Mona schläfrig. Das war ein guter Traum, findet sie. Ziemlich aufregend, ein bisschen verrückt, aber mit Tieren, genau wie sie es sich gewünscht hatte.

Mali und Matze stimmen zu.

Nur Lilli ist ein bisschen eingeschnappt, weil sie von der Räuberhenne entführt wurde. »In echt hätte die mich nie erwischt. Ich kann nämlich blitzeflitzeschnell wegrennen!«, mosert sie.

»Jaja, weiß ich doch«, murmelt Mona, bevor ihr die Augen zufallen.

Bald schlafen alle vier Freunde tief und fest. Nur aus dem Traumreisekissen rieselt noch etwas Spielplatzsand.

Mali und die Regenwolken

Heute regnet es schon den ganzen Tag. Lilli und Matze machen lange Gesichter. Sie wollten im Garten Fußkäseball spielen. Aber das geht nicht, wenn der Rasen so nass ist.

»Regen ist das Alleroberblödeste«, mosert Matze.

Mali macht der Regen nichts aus. Sie hat heute ein ganzes Buch gelesen und gleich ein neues angefangen. Im warmen Zimmer sitzen und lesen, während die Regentropfen von draußen an die Fensterscheiben trommeln, das ist das Gemütlichste überhaupt, findet Mali. Mona sieht das genauso.

Als es Zeit ist, schlafen zu gehen, tröpfelt es immer noch.

»Hoffentlich scheint morgen wieder die Sonne«, sagt Lilli und klettert zu Mona ins Bett. »Sonst werde ich echt sauer!«

Mali schüttelt schon das Traumreisekissen auf. Heute ist sie an der Reihe. Sie legt sich auf das Kissen, kuschelt sich wohlig zurecht und wartet, bis die andern auch fertig sind und sich neben sie legen. Dann zählt Mali bis drei und alle schließen die Augen …

Ein Tropfen platscht mitten auf Malis Nase.

»Iiih!«, quietscht sie und reißt die Augen auf: Über ihr hängen lauter dicke, graue Regenwolken. Das Dach über dem Kinderzimmer ist einfach weg. Es tröpfelt direkt ins Zimmer hinein!

Auch Mona, Matze und Lilli schauen verdutzt nach oben.

»Was ist denn das für ein Quatsch-Traum?«, schimpft Mona. »Hier wird doch alles nass!« Schnell spannt sie ihren gelben Regenschirm auf. So bleibt wenigstens das halbe Bett trocken.

Auf dem Kinderzimmerboden bilden sich schon die ersten Pfützen und Monas Puppengeschirr in der Spielküche füllt sich mit Wasser. Mali und Lilli flüchten sich auch unter den Schirm.

»Komm, Matze, hier ist noch Platz!«, ruft Mona.

Aber Matze hat keine Angst vor dem Regen. Mit Karacho springt er

vom Bett – mitten in eine Pfütze. Es spritzt fürchterlich bis unter Monas Regenschirm und in Lillis Gesicht.

»Boah, das zahl ich dir heim«, ärgert sich Lilli. Mit Anlauf hüpft sie vom Bett, direkt in eine besonders tiefe Pfütze.

Der Wasserschwall duscht Matze einmal von oben bis unten ab. Triefend steht er da und schnappt nach Luft. Dann packt er einen vollen Topf aus der Spielküche und kippt ihn Lilli mit wildem Indianergeheul über den Kopf. Lilli sieht aus wie ein begossener Pudel. Mali und Mona schauen vom Bett aus zu und müssen lachen.

»Na, traut ihr euch nicht?«, ruft Lilli ihnen zu und grinst.

»Also, hör mal!«, empört sich Mona und wirft den Schirm beiseite.

»Wir sind doch nicht aus Zucker«, bekräftigt Mali und springt zum Beweis mitten in eine Monster-Pfütze. Und schon ist die schönste Wasserschlacht im Gang – jeder gegen jeden und je nasser, desto besser.

Doch der Regen wird immer schlimmer. Es gießt wie aus Eimern. Aus den Pfützen werden Seen und aus den Seen wird ein richtiges Kinderzimmer-Meer. Schon bald reicht den kleinen Freunden das Wasser bis zum Bauchnabel. Mali sieht, wie die drei Goldfische im Puppenhaus aus dem Aquarium springen. Kuni, Bert und Gunde finden es großartig, dass sie auf einmal ein ganzes Meer zum Herumschwimmen haben. Aber Mali wird es langsam mulmig. Sie ist kein Fisch und schwimmen kann sie auch nicht …

»Ich setze euch besser wieder hoch auf mein Bett«, sagt Mona.

»Und wenn das Wasser weiter steigt?«, fragt Mali. »Wo sollen wir dann hin?«

Der Schreibtisch und das Bücherregal sind noch ein Stückchen höher. Aber was, wenn das auch nicht mehr reicht?

»Wir könnten ein Boot bauen«, schlägt Lilli vor.

»Ein U-Boot!«, ruft Matze begeistert.

Mona schüttelt besorgt den Kopf. »Wir müssen den Regen irgendwie abstellen«, meint sie. Nur wie? Das Wetter hat ja keinen Umschaltknopf.

»Vielleicht kann man Regenwolken mit einem Staubsauger wegsaugen?«, überlegt Lilli.

»Oder kann man im Internet Sonnenschein bestellen?«, fragt sich Matze.

Mali glaubt nicht, dass das möglich ist. »Wo kommt der Regen überhaupt her?«, will sie wissen.

Mona ist sich nicht sicher. Aber ihre Oma sagt immer: »Wenn es regnet, weinen die Wolken.«

Mali schaut nach oben zu den grauen Wolkenbergen und runzelt die Stirn. »Seid ihr traurig?«, fragt sie.

»Na ja, ein bisschen betrübt vielleicht«, schnieft eine kleine hellgraue Wolke.

»Aber warum denn?«, erkundigt sich Mali mitfühlend.

»Wie würdest du dich denn fühlen, wenn alle die Sonne lieber mögen als dich?«, grollt die dickste und größte Ober-Regenwolke. »Den ganzen Tag werden wir nur angemeckert: Regen ist das Alleroberblö-

deste. Hoffentlich kommt morgen die Sonne wieder raus … So geht das immerzu! Das kann einem schon aufs Gemüt schlagen!«

Matze und Lilli sehen einander schuldbewusst an. Sie haben ein ziemlich schlechtes Gewissen.

»Also, ich hab euch gern«, sagt Mali. »Ich mag es, wenn's draußen grau und kalt ist.«

»Das sagst du doch jetzt bloß, um uns zu trösten«, schluchzt die kleine Wolke.

»Quatsch!«, sagt Mona. »Mali mag schlechtes Wetter wirklich, weil sie dann gemütlich lesen kann. Und ich setze mich gerne ans Fenster und träume ein bisschen vor mich hin.«

»So schlimm finden wir Regenwetter auch nicht«, pflichtet Lilli Mona schnell bei.

»Pfützenhüpfen macht richtig Spaß!«, beteuert Matze.

»Danke«, schniefen die Wolken gerührt. »Das ist sehr lieb von euch.«

Die Tropfen werden schon weniger.

»Nur hier in unserem Zimmer ist zu viel Regen nicht so toll«, deutet Mona vorsichtig an.

»Schon klar, verstehe, tut uns leid«, sagen die Wolken, räuspern sich kurz und schlucken ihre Tränen hinunter. Der Regen lässt bald nach, bis es nicht einmal mehr tröpfelt.

Freundlicherweise schickt die Ober-Wolke gleich noch einen kräftigen Wind vorbei, der das Wasser wegpustet und den Boden trocknet. Lilli bringt Kuni, Bert und Gunde zurück in ihr Aquarium.

Jetzt sieht das Kinderzimmer wieder aus wie vorher. Mona ist ziemlich erleichtert.

»Vielen Dank«, ruft Mali nach oben. Im dunklen Nachthimmel kann sie die Wolken kaum mehr erkennen.

»Gern geschehen, Mali«, grummelt die Ober-Wolke nett zurück. »Gute Nacht!«

Als Mali am nächsten Morgen aufwacht, türmen sich vor dem Fenster immer noch dicke, graue Regenwolken. Kurz überlegt sie, ihr Buch zu holen und sich dann gleich wieder ins Bett zu kuscheln. Aber dann weckt Mali Mona, Lilli und Matze. »Kommt, aufstehen!«, ruft sie. »Wir gehen raus, Pfützenhüpfen und Wasserwettspritzen!«

Während die anderen noch müde knurrend und gähnend unter ihren Decken hervorkriechen, lächelt Mali in sich hinein. Da werden sich die Wolken freuen, denkt sie, wenn wir ihnen zeigen, dass wir schlechtes Wetter wirklich gerne mögen.

Matze und das Mondschaf

Als Matze ins Bett gehen will, findet er in seiner Hosentasche einen Sonnenblumenkern. Den muss er heute Nachmittag eingesteckt haben, als Mona mit ihren Puppen im Garten Blumen gesät hat. Sie hat ein kleines Beet, und da darf sie anpflanzen, was sie möchte.

»Behalte ihn einfach, dann setzen wir ihn morgen noch ein«, meint Mona. Die Blumensamen hat sie zusammen mit ihrer Oma gekauft. Ganz viele verschiedene haben sie ausgesucht. Aber die Sonnenblumen wachsen am allerhöchsten, hat Oma erklärt, und die kennt sich aus mit Blumen und Pflanzen.

Matze steckt also den Samen zurück in seine Tasche. Heute darf er sich zum ersten Mal auf das Traumreisekissen legen. Er ist schon neugierig, wohin das Kissen mit ihm reisen wird. Lilli, Mali und Mona kuscheln sich zu ihm unter die Bettdecke

»Eins, zwei, drei – Augen zu!« zählt Matze …

… und im nächsten Augenblick steht er im Garten vor Monas Beet.

»Wirklich? In den Garten?«, mosert Matze. Er wollte weit weg, in die Südsee, zu den Piraten oder zumindest nach Afrika. »Blödes Kissen!«

Aber na gut, wenn er schon hier ist, kann er ja auch gleich das Samenkorn aus seiner Hosentasche einpflanzen, denkt sich Matze. Es ist zwar schon Nacht, aber der Vollmond scheint so hell, dass er alles sehen kann. Ein paar kleine Wolken sind aufgezogen und es ist ruhig. Nur im Gebüsch raschelt es ein bisschen. Das wird wohl ein Vogel sein, denkt Matze. Zum Glück hat er keine Angst im Dunkeln!

Er sucht sich ein kleines Stöckchen, mit dem er ein Loch in den Boden bohren kann, ganz am Rand des Beets neben den Himbeersträuchern. Da hinein legt er den Sonnenblumensamen. Man muss ihn mit Erde bedecken, hat Mona erklärt. Also füllt Matze das Loch wieder auf und drückt die Erde gut fest. Dann will er den Samen angießen, wie Mona es ihm gezeigt hat. Aber Monas Gießkanne ist voll Wasser und viel zu schwer für einen kleinen Puppenjungen. Matze schaut sich suchend um. Da fällt sein Blick auf ein heruntergefallenes Blatt, in dem sich der Regen gesammelt hat. Das ist genau richtig. Vorsichtig hebt er das Blatt auf, trägt es zu Monas Beet und schüttet das Wasser über das vergrabene Samenkorn. So, das wäre geschafft.

Matze betrachtet das Beet und überlegt, was er als Nächstes machen soll. Da sieht er auf einmal grüne Blättchen aus dem Boden spitzen – genau an der Stelle, wo das Samenkorn liegen muss. Matze staunt: Das gibt's ja nicht! Mona hat doch gesagt, dass die Blumen erst nach ein oder zwei Wochen sprießen. Aber die Pflanze, die da neben seinem

rechten Fuß aus der Erde wächst, wird schnell größer und größer. Bald ist sie höher als Matze selber und ein Blatt nach dem anderen entfaltet sich. Sprachlos schaut er zu, wie die Sonnenblume in den Himmel hinaufschießt. Der Blütenkopf verschwindet schon zwischen den Nachtwolken.

Matze betrachtet den Stiel, der inzwischen so dick ist wie ein kleiner Baumstamm. Links und rechts wachsen Blätter heraus. »Daran kann man bestimmt gut hochklettern«, findet er. Vorsichtig setzt er einen Fuß auf die erste Verzweigung und zieht sich hoch. Dann steigt er zum nächsten Blatt und zum nächsten und immer weiter. Matze ist ziemlich gut im Klettern.

Als er kurz anhält, um zu verschnaufen, sieht er den Garten schon weit unter sich liegen. Aber er will nicht umdrehen. Also weiter, hoch in den Nachthimmel, zu der Sonnenblumenblüte, die irgendwo da oben sein muss.

Die Luft wird dünner, aber das macht einer Puppe zum Glück nichts aus. Einmal muss Matze durch eine Wolke klettern. Die fühlt sich gar nicht wie Watte an, sondern nebelig und ein bisschen feucht. Und als er oben wieder aus der Wolke herauskommt, kann er weit über sich die gelb leuchtende Blüte erkennen. Matze staunt: Die Sonnenblume ist bis zum Mond gewachsen. Da will er auch hin!

Matze klettert schneller, immer weiter – und dann hat er es geschafft: Er steht ganz oben auf der Blüte. Von da ist es nur ein kleiner Puppenschritt auf den Mond! Vorsichtig setzt Matze erst den einen Fuß auf die kahle Mondoberfläche, dann den anderen. Er will einen kleinen Hopser machen, um zu testen, ob der Boden weich ist, und – hui! – macht er einen riesigen Sprung!

»Was ist denn mit meinen Beinen los?«, fragt sich Matze überrascht. Er probiert es noch mal aus und merkt, dass er hier oben viel höher und weiter springen kann als zu Hause. Hopp, hopp, hopp wie ein Känguru. Das macht Spaß!

Matze hopst ein Stück weiter auf einen Hügel und schaut sich um. Doch außer Staub und Geröll und ein paar Bergen in der Ferne ist nicht viel zu sehen. Keine Pflanzen, keine Tiere, kein Wasser, kein gar nichts. Alles hier ist grau und steinig.

Aber Moment mal, was ist denn das da hinten? Da kommt etwas Weißes, Wuscheliges in großen Sprüngen auf Matze zu! Es hat vier Beine. Ist es ein Hund? Nein, ein Schaf!

»Mähäh-llo!«, begrüßt ihn das Mondschaf noch etwas außer Atem. »Ich bin Mähäh-chthild!«

»Oh. Ich bin Matze«, sagt Matze. »Was machst du denn hier oben?«

»Das könnte ich dich genauso fragen«, mäht Mechthild.

»Ich schau mich nur mal ein bisschen um«, meint Matze. »Aber hier gibt es ja nicht viel zu sehen.«

Plötzlich hört Matze ein gewaltiges, dumpfes Grollen. Er hat schon Angst, dass gleich ein Mondungeheuer mit gefletschten Zähnen aus dem Boden schießt.

»Mähäh-ntschuldige bitte«, blökt Mechthild verschämt. »Das war mein Bauch!«

Matze schaut sie überrascht an: »Du musst ja riesigen Hunger haben!«

Mechthild nickt missmutig: »Hier gibt es nur Geröll. Nicht mähäh-ein Fitzelchen Gras hab ich gefunden und ich suche schon seit Tagen! Du hast nicht zufällig was zu mähäh-ssen dabei?«

Matze schüttelt den Kopf: »Nein, tut mir leid.«

Mechthild seufzt enttäuscht: »Wäre ja auch zu schön gewesen.«

»Wie bist du denn überhaupt hierhergekommen?«, fragt Matze.

Da erzählt Mechthild, dass sie eigentlich auf einem Bauernhof lebt, unten auf der Erde. Im Gemüsegarten der Bäuerin ist eines Nachts eine Bohnenranke gewachsen, höher und höher … Mechthild wurde neugierig und hat vom Weidezaun aus zugeschaut. Und als sie es vor Neugier nicht mehr ausgehalten hat, ist sie über den Zaun gesprungen und an der Bohnenranke hochgeklettert, immer weiter, bis sie zum Mond kam.

»Genau wie ich an der Sonnenblume«, denkt Matze.

Aber als sich Mechthild auf dem Mond umgeschaut hatte und wieder nach Hause klettern wollte, da war die Bohnenranke auf einmal weg! Vielleicht hat die Bäuerin sie unten abgeschnitten. Jedenfalls sitzt Mechthild seitdem auf dem Mond fest, und ihr Bauch grummelt immer lauter, weil sie so fürchterlichen Hunger hat.

»Also, wenn du magst, kannst du mit mir wieder herunterklettern«, schlägt Matze vor. »Meine Sonnenblume hält bestimmt auch zwei Kletterer aus.«

»Wirklich? Mähäh-hu!«, jubelt Mechthild. »Danke, Matze!«

Also führt Matze das Mondschaf zu seiner Sonnenblume. Zum Glück steht die Blüte noch genau dort, wo er sie vorhin zurückgelassen hat. Matze hilft Mechthild hinüber.

Der Abstieg wird wohl eine Weile dauern, denkt Matze bei sich, denn Schafe sind ja nicht gerade als geschickte Klettertiere bekannt.

Doch Mechthild schlingt kurzerhand ihre vier Schafbeine um den Blumenstiel und lässt sich herunterrutschen wie an einer Feuerwehrstange. Matze ist ziemlich beeindruckt und macht es ihr einfach nach. Huiiiiiii! Mit einem Affenzahn geht es abwärts, durch die dunklen Wolken und den kühlen Nachthimmel, zurück in den Garten zu Monas Blumenbeet. Mit einem Plumps landet Matze auf dem weichen Boden.

»Gras! Da ist ja schönes, grünes, saftiges Gras!«, blökt Mechthild begeistert. »Darf ich?«

»Klar. Lass es dir schmecken«, sagt Matze und grinst, während sich Mechthild schon auf den Rasen stürzt.

»Du kannst ruhig hierbleiben, wenn du willst«, meint Matze, als Mechthild den schlimmsten Hunger gestillt hat. »Mona würde dich bestimmt auch gerne kennenlernen.«

»Mähäh-chtig lieb von dir«, blökt Mechthild kauend. »Aber ich glaube, ich gehe doch lieber wieder nach Hause zu meiner Mähäh-herde. Das war wirklich ein aufregendes Abenteuer, da oben auf dem Mond. Aber auch ein bisschen einsam. Die anderen Schafe ver-mähähssen mich bestimmt schon!«

Matze nickt. Das kann er gut verstehen. Er freut sich langsam auch auf sein gemütliches Puppenhaus und auf Mali, Lilli und Mona. »Sei vorsichtig, wenn wieder was bei der Bäuerin im Garten wächst«, sagt er noch. »Ich kann ja nicht immer vorbeikommen, wenn du zufällig alleine auf dem Mond landest!«

»Na gut, versprochen«, mäht Mechthild grummelig. »Aber ein bisschen neugierig sein darf ich schon. Sonst ist es ja auch langweilig!«

Da hat sie irgendwie recht, denkt Matze.

»Danke noch mal. Mähäh-ch's gut!«, blökt Mechthild und trabt davon.

»Du auch!«, ruft Matze ihr hinterher.

Dann schleicht er zurück ins Haus, hoch ins Kinderzimmer und klettert zu Mona ins Bett. Aber bevor ihm die Augen endgültig zufallen, muss er noch etwas loswerden: »Tut mir leid, dass ich dich blöd genannt habe«, flüstert Matze ins Traumreisekissen. »So schlecht war mein Traum gar nicht. Eigentlich war er sogar ziemlich gut.«

Als Matze am nächsten Morgen aufwacht, greift er als Erstes in seine Hosentasche. Aber der Sonnenblumenkern ist weg! Komisch. Er schaut unter dem Traumreisekissen und wühlt unter der Bettdecke, doch das Samenkorn bleibt verschwunden.

»Was suchst du denn, Matze?«, fragt Mona verschlafen.

Matze antwortet nicht. Er ist schon zur Tür rausgewitscht und läuft hinunter in den Garten, zu Monas Blumenbeet.

Tatsächlich! Ganz am Rand, neben den Himbeersträuchern, da spitzt schon ein kleines bisschen Grün …

 # Lilli und Pippa, das Zebra

»Freitag ist mein Ober-Lieblingstag«, erklärt Lilli, als sie zu Mona ins Bett klettert.

Das liegt daran, dass freitags im Kindergarten Spielzeugtag ist. Da dürfen Lilli, Mali und Matze in Monas Gruppe mitkommen. Heute haben sie im Kindergarten mit den kleinen Puppen-Pferden gespielt. Sie heißen Kasper, Leopold und Pippa. Kasper hat dunkelbraunes Fell, Leopold ist hellbraun. Pippa hat lustige, graue Flecken auf ihrem weißen Fell und ist ein bisschen eigensinnig. Deswegen reitet Lilli am liebsten auf Pippa.

Als Lilli sich auf das Traumreisekissen kuschelt, denkt sie noch einmal daran, wie sie heute Morgen auf Pippas Rücken über den Spielplatz getrabt ist. Lilli hat ein Lied gesungen und das Pony hat dazu fröhlich geschnaubt und mit den Ohren gewackelt.

»Eins, zwei, drei!« zählt Lilli leise und schließt gleichzeitg mit ihren Freunden die Augen …

… und schwupps ist sie wieder bei Pippa im Pferdestall. Doch Pippa schaut gar nicht so fröhlich aus wie heute Morgen. Unzufrieden und schlecht gelaunt scharrt sie mit den Hufen.

»Was ist denn los?«, fragt Lilli. »Hast du eine Miesepeter-Möhre gefressen?«. Natürlich erwartet sie nicht, dass Pippa ihr antwortet. Ponys können ja nicht sprechen.

»So ein Quatsch«, schnaubt Pippa. »Mir ist einfach nur langweilig.«

Lilli fährt zusammen und schaut Pippa überrascht an. Aber dann erinnert sie sich, dass sie ja in einem Traum ist, und im Traum kann man offenbar mit Ponys reden. »Wieso ist dir denn langweilig?«, erkundigt sie sich.

»Immer nur hier im Stall herumstehen und ab und zu über den Spielplatz traben, das ist doch öde«, beschwert sich Pippa. »Ich will mal was Neues sehen!«

Kasper und Leopold horchen verwundert auf. Sie finden es überhaupt nicht langweilig, sondern sehr gemütlich in ihrem Stall.

»Manchmal stelle ich mir vor, ich bin ein wildes Zebra und galoppiere über die Steppe«, vertraut Pippa Lilli an. Im Fernsehen hat sie mal einen Tierfilm über Zebras gesehen. »Die haben so tolle Streifen, ganz schick!«

Lilli will Pippa gerade fragen, wann und wo sie denn bitte schön

ferngesehen hat, aber dazu kommt sie nicht. Mona, die die ganze Zeit in der Bauecke gespielt hat, mischt sich ein: »Dann geh doch einfach zum Streifenverleih und leih dir ein paar Zebrastreifen aus«, rät sie Pippa, als wäre es das Selbstverständlichste auf der Welt.

»Oh ja, bitte, Lilli«, sagt Pippa. »Können wir da hingehen?«

Na klar, denkt sich Lilli. Zum Streifenverleih. Warum ist sie da nicht selber draufgekommen? Im Traum ist schließlich alles möglich, wie Kikki Kisselbein gesagt hat

Also spazieren Pippa und Lilli los zum Streifenverleih. Der Streifenverleiher heißt Herr Zapalotti und sieht ein bisschen aus wie Monas Papa, nur mit mehr Bauch und weniger Haaren, findet Lilli.

»Einmal Flecken gegen Streifen tauschen. Gar kein Problem«, sagt Herr Zapalotti, als er Pippa sieht, und zieht einen dicken Katalog hervor. Darin sind alle Muster aufgeführt, die er im Angebot hat: Dünne Zebrastreifen, breite Zebrastreifen, gerade Zebrastreifen, krumme Zebrastreifen, sogar grüne und rote Zebrastreifen gibt es hier. Außerdem kann man bei Herrn Zapalotti allerhand andere Muster bekommen – Punkte und Zickzack zum Beispiel, und sogar Einhornweiß mit Glitzer. Aber besonders berühmt ist er für seine ausgefallenen Streifen.

Pippa blättert aufgeregt durch den Katalog und überlegt mit Lilli hin und her, was wohl am besten zu ihr passt. Endlich hat sie das richtige Muster entdeckt. »Die will ich haben«, ruft sie begeistert.

»Dann folgen Sie mir bitte, Fräulein Pippa«, sagt Herr Zapalotti und führt Pippa zu seiner Umkleide-Anlage. Die sieht ungefähr so aus wie eine Autowaschanlage, nur in Puppen-Pony-Größe. Am Eingang wird

das gewünschte Streifenmuster in den Computer eingegeben und dann darf Pippa langsam durch einen Kasten mit verschiedenen Bürsten, Düsen und flatternden Lappen traben. Es ist dunkel und laut und man wird durchgeschrubbelt und trocken gepustet. Ein bisschen mulmig ist Pippa dabei schon. Aber als sie am anderen Ende herauskommt, hat sie die tollsten Zebrastreifen, die Lilli je gesehen hat.

»Du siehst wunderstreifenschön aus, Pippa«, staunt Lilli.

Pippa versucht, sich von allen Seiten zu bewundern, und verdreht sich dabei fast den Hals.

Herr Zapalotti ist auch sehr zufrieden. »Dann viel Spaß in Afrika!«, wünscht er Pippa und Lilli.

Die beiden steigen in ein Flugzeug und machen sich bereit für den langen Flug Richtung Süden.

Einige Stunden später verlässt das Flugzeug seine Reiseflughöhe und beginnt, über der Steppe langsam zu sinken.

»Da sind schon die Zebras! Ich sehe sie!«, ruft Lilli aufgeregt. Sie hat eine ganze Herde entdeckt. »Das sind bestimmt zwanzigsiebenhundert Stück!«

Doch Pippa ist sich auf einmal nicht mehr so sicher, ob die Reise nach Afrika eine gute Idee war. Sie kennt die Zebras ja nicht. Was, wenn die überhaupt nichts von ihr wissen wollen? Schließlich ist sie gar kein echtes Zebra, sondern nur ein Pony mit Leih-Streifen.

»Geh einfach hin und sag Hallo«, rät Lilli. »So findet man am schnellsten neue Freunde.«

Schon landet das Flugzeug auf dem trockenen Steppenboden. Lilli bleibt erst einmal sitzen. Pippa auch. Sie schaut zu der Herde hinüber, die ein Stück entfernt an einem Wasserloch Pause macht.

»Na los, trau dich!«, stupst Lilli sie an.

Da steigt Pippa aus und trabt zögerlich auf die Zebras zu. Lilli beobachtet gespannt, wie eines von ihnen verwundert aufblickt, als es Pippa entdeckt. Es geht ein paar Schritte auf sie zu und beschnuppert sie interessiert. Jetzt sind auch die anderen Zebras aufmerksam geworden. Alle schauen Pippa neugierig an. Ein dickes mit breiten Streifen macht Platz am Wasserloch, damit Pippa auch einen Schluck trinken kann. Lilli freut sich.

Schon bald galoppiert Pippa mit den anderen Zebras über die Steppe, als hätte sie nie etwas anderes gemacht. Ihre Mähne flattert im Wind, der Boden staubt unter ihren Hufen, und sie sieht so glücklich aus mitten unter all ihren neuen Freunden. In der Ferne trotten ein paar Gnus zum Wasserloch, und eine Antilopenfamilie springt aufgeregt aus den Büschen, weil ein Warzenschwein sie erschreckt hat. Pippa wiehert ihnen fröhlich zu.

Ganz außer Puste kommt Pippa schließlich wieder zu Lilli getrabt. »Wenn Kasper und Leopold mich jetzt sehen könnten«, schnauft sie. »Die würden Augen machen!«

Lilli lacht. »Die glauben uns kein Wort, wenn wir ihnen das erzählen!«, sagt sie und steigt wieder in das Flugzeug. Schließlich wartet Mona zu Hause bestimmt schon mit dem Abendessen.

Doch Pippa sieht Lilli mit großen Augen an: »Ich will noch nicht nach Hause. Ich will hierbleiben!«

Lilli runzelt die Stirn: »Das geht aber nicht.«

»Wieso denn nicht?«, fragt Pippa. »Hier ist es so schön und es gibt so viel Platz und so viele andere Tiere …«

Da wird Lilli ein bisschen mulmig. Sie hatte ja gehofft, dass Pippa in Afrika neue Freunde findet, aber dass es ihr gleich so gut gefällt … »Komm mit, Pippa, bitte!«, sagt sie.

Aber Pippa stampft mit dem Vorderhuf auf: »Nein! Ich will hierbleiben und ein Zebra sein!«

Oh je. Lilli überlegt angestrengt, wie sie Pippa überreden kann. Sie kann doch nicht ohne das Pony nach Hause fliegen! »Denk doch mal an Leopold und Kasper«, sagt sie schließlich. »Stell dir vor, wie die heute Abend in euren Stall gehen. Und dann gucken sie in deine Box, aber da ist keine Pippa. Und dann muss ich ihnen sagen, dass du nie, nie mehr wiederkommen willst. Die werden ganz fürchterlich schlimm traurig sein!«

Pippa schaut nachdenklich zu Boden und scharrt unschlüssig mit ihren Hufen. Dann gibt sie sich einen Ruck: »Na gut. Ich komme mit«, brummelt sie widerwillig. Lilli ist erleichtert.

Pippa verabschiedet sich noch lieb von ihren neuen Zebrafreunden und verspricht, bald wieder zu Besuch zu kommen. Dann steigt sie zu Lilli in das Flugzeug.

Als die beiden bei Herrn Zapalottis Streifenverleih ankommen, ist es schon fast dunkel.

»Jetzt aber schnell, ich mache gleich zu!«, ruft Herr Zapalotti und sucht schon in seinem Katalog nach Pippas grauen Flecken, damit sie die Zebrastreifen wieder zurücktauschen kann. Er blättert und blättert … aber er kann sie nicht finden. »Das ist mir jetzt sehr unangenehm, Fräulein Pippa«, entschuldigt sich der Streifenverleiher. »Ich fürchte, ein anderes Tier hat versehentlich Ihre Flecken mitgenommen.«

»Da musst du jetzt wirklich ein Zebra bleiben«, lacht Lilli.

Pippa wird vor Schreck ganz bleich zwischen ihren Zebrastreifen.

»Ein ganz feines Karomuster könnte ich Ihnen noch anbieten«, schlägt Herr Zapalotti etwas zerknirscht vor.

Aber das will Pippa nicht. Sie will ihre schönen grauen Flecken zurück!

Lilli sieht sie verwundert an: »Ich habe gedacht, du bist gerne ein Zebra?«

»Ja … also, nein … also, zuerst schon«, stammelt Pippa aufgewühlt. »Aber eigentlich bin ich doch ein Pony. Ein Pony mit grauen Flecken! Meine Freunde erkennen mich ja gar nicht wieder, so wie ich jetzt aussehe!«

Da wendet sich Lilli an Herrn Zapalotti. »Können Sie bitte noch mal ganz gründlich nachschauen?«.

Herr Zapalotti gibt sich wirklich Mühe. Er sucht überall im Streifenverleih. Pippa und Lilli helfen auch mit. Aber die Flecken bleiben verschwunden. Pippa ist sehr unglücklich.

Da klopft es an der Türe.

»Hallo? Herr Zapalotti? Sind Sie da?«, hört Lilli eine dünne hohe Stimme fragen. Sie schaut hinter dem Ladentisch hervor und ist völlig verdutzt: Da steht ein kleines Steifenhörnchen. Ein Streifenhörnchen, das Flecken trägt – Pippas Flecken!

»Also, meiner Frau gefällt das neue Muster leider gar nicht«, entschuldigt es sich. «Wir gehen gleich ins Konzert und ich soll mir noch schnell etwas anderes aussuchen.«

Als Pippa den kleinen Kerl sieht, galoppiert sie begeistert auf ihn zu. »Meine Flecken!«, wiehert sie aufgeregt. »Sie sind wieder da!«

Das gefleckte Hörnchen geht ängstlich in Deckung.

»Langsam, langsam«, mahnt Herr Zapalotti. Aber auch er ist sehr froh, dass sich so alles von selber löst.

Nachdem das Hörnchen Pippas Flecken abgelegt hat, darf Pippa noch einmal durch die Waschstraße traben. Danach sieht sie wieder genau wie vorher aus.

Zutiefst erleichtert beschnuppert sie ihr neues, altes Fell. Sie hätte nie gedacht, dass sie die grauen Flecken so fürchterlich vermissen würde!

Wenig später steht Pippa wie jeden Abend zwischen ihren Pferdefreunden Kasper und Leopold in ihrer Box. Sie futtert ein bisschen

Heu, lauscht den vertrauten Geräuschen im Stall und erinnert sich an die Steppe in Afrika. Aber hier ist es auch schön, denkt sie.

Leopold und Kasper wollen ganz genau wissen, wie das mit dem Streifenverleih funktioniert. Lilli erklärt es ihnen.

Einmal das braune Fell gegen glitzerndes Einhornweiß tauschen, überlegt Leopold, das wäre schon toll …

Aber Lilli sagt sich: »Ich bleib so rosa wie ich bin – egal ob im Traum oder in echt.« Und mit diesem Gedanken schläft sie zu Hause in Monas Bett ganz zufrieden ein …

Mali und die Funkelfeenflügel

Manchmal wäre Mali gerne eine Fee. Dann zieht sie ihr federleicht-flatteriges Feenröckchen an und tut so, als würde sie durch das Puppenhaus schweben. Matze lacht jedes Mal, wenn sie das macht.

Aber dann funkelt Lilli ihn vorwurfsvoll an: »Mali lacht dich doch auch nicht aus, wenn du Flugzeug spielst und so miööööm, miööööm durchs Zimmer fliegst!«, sagt sie. Und da hat sie recht. Doch Matze findet Feen eben ein bisschen albern und längst nicht so toll wie Flugzeuge.

Als Mali sich an diesem Abend in Monas Bett legt, flüstert sie dem Traumreisekissen ganz leise etwas zu: »Ich wünsche mir einen Feen-Traum, bitte!«

»Meinst du echt, man kann Träume bestellen?«, fragt Lilli und kuschelt sich neben sie.

Mali zuckt die Schultern: »Vielleicht? Wir haben es ja noch nie ausprobiert!«

Matze hat nicht so viel Lust auf einen Feen-Traum, aber er sagt lieber nichts. Sonst schimpft Lilli ihn wieder. Außerdem glaubt er nicht, dass das Traumreisekissen wirklich auf Malis Wunsch hören wird.

Als alle bereit sind, zählt Mali leise bis drei, denkt noch einmal fest an ihren Traum-Wunsch und macht dann gleichzeitig mit ihren Freunden die Augen zu …

Ihr Traum beginnt in einem Wald. Aber das ist kein normaler Wald – so viel erkennt Mali schon auf den ersten Blick. Sie steht in einem verzauberten Märchenwald. Die Bäume ragen so hoch, dass man den Himmel kaum sehen kann. Unten auf dem Waldboden wachsen Farne und Büsche, Beeren leuchten im Dämmerlicht, und wenn der Wind durch die Blätter streift, dann klingeln die bunten Blüten ganz leise wie kleine Glöckchen.

Staunend sieht Mali sich um. Da merkt sie erst, dass sie nicht alleine hier ist. Auch Matze ist mit in den Märchenwald gekommen. Aber der hat kein Auge für leuchtende Zauberbeeren und glitzernde Farne. Matze ist auf der Suche nach guten Stöcken. Im Wald braucht man nämlich

immer einen Stock, wenn nicht sogar zwei oder drei. Zum Räuberspielen oder im Boden-Bohren oder um Wege durchs Gestrüpp zu bahnen. Außerdem hält Matze Ausschau nach einem guten Kletterbaum.

»Uh, der da hinten sieht gut aus. Komm mit, Mali!«, ruft er und rennt schon los.

Mali hätte sich lieber die Blütenglöckchen noch genauer angeschaut.

Während Matze sich schon auf einen der unteren Äste schwingt, entdeckt Mali ein Stück hinter seinem Kletterbaum einen kleinen Teich. Schilf und Seerosen wachsen auf dem dunklen Wasser. Neugierig hüpft Mali hinunter zum Ufer. Doch plötzlich bleibt sie wie erstarrt stehen: Im Gras vor ihren Füßen schimmert etwas. Mali mag ihren Augen kaum trauen: Da liegt ein Paar grüner, fast durchsichtiger Flügel!

Jetzt ist auch Matze aufmerksam geworden. »Was hast du denn gefunden?«, will er wissen.

Mali kniet sich hin und streicht mit der Hand ganz vorsichtig über eine Flügelspitze. »Ich glaube, das sind Feenflügel«, flüstert sie aufgeregt.

In dem Moment beginnt der Flügel unter ihrer Hand ganz leicht zu flattern.

»Wo kommen die denn her?«, fragt sich Matze.

Mali hört ihm gar nicht zu: »Wie schön die sind«, wispert sie.

»Zieh sie mal an«, schlägt Matze vor. »Du willst doch immer eine Fee sein!«

Aber Mali traut sich nicht so recht. Darf sie das?

Matze findet nichts dabei: »Wenn die hier einfach herumliegen …«

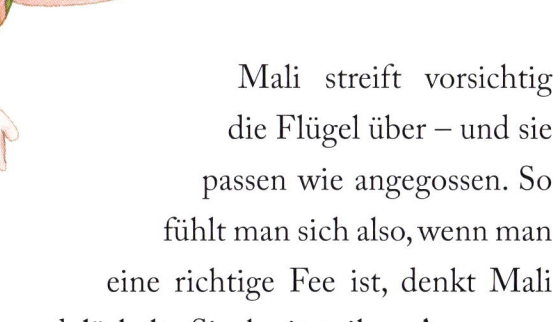

Mali streift vorsichtig die Flügel über – und sie passen wie angegossen. So fühlt man sich also, wenn man eine richtige Fee ist, denkt Mali und lächelt. Sie breitet ihre Arme aus. Sofort beginnen die Flügel sich zu bewegen. Sie schwingen erst langsam, dann kräftiger. Mali merkt, wie sie leichter und leichter wird, bis sie für einen kurzen Moment den Boden unter den Fußspitzen verliert.

»Du schwebst, Mali, du schwebst!«, ruft Matze ganz begeistert.

Doch da ist Mali schon wieder gelandet.

»Noch mal, Mali!«, feuert Matze sie an.

Mali lacht und streckt wieder ihre Arme aus. Diesmal klappt es schon besser. Sie schwebt – noch ein bisschen wackelig, aber ein ganzes Stück höher und weiter als gerade eben.

»Juhuu! Ich kann fliegen!«, juchzt Mali.

Bald lehnt sie sich in der Luft erst vorsichtig auf die eine, dann auf die andere Seite. »Ich kann sogar Kurven fliegen!«, jubelt sie.

Immer schneller flattert Mali jetzt über Matzes Kopf hinweg – bis sie sich in ihrem Übermut einmal zu schnell dreht und aus dem Gleichgewicht gerät. Holterdiepolter purzelt sie auf den Waldboden.

»Hast du dir wehgetan?«, fragt Matze besorgt und hilft ihr auf.

Mali schüttelt den Kopf und reibt sich ihren Po. Zum Glück ist sie auf weichem Moos gelandet.

Doch dann sieht sie es: Der rechte Flügel hat einen Knick abbekommen!

»Oh nein!«, ruft Mali und versucht, ihn schnell wieder glatt zu streichen. »Hoffentlich habe ich ihn nicht kaputt gemacht!«

Matze hilft ihr, doch ganz ausbügeln können sie den Knick nicht. Als Mali die Flügel noch einmal ausprobiert, flattern sie aber genauso gut wie vorher.

»Puh, Glück gehabt«, meint Mali und nimmt sich vor, jetzt lieber vorsichtiger zu fliegen.

»Und ich will jetzt endlich auf meinen Baum klettern«, ruft Matze und schwingt sich auf den untersten Ast. Schließlich ist Klettern eine seiner Lieblingsbeschäftigungen. Man braucht ziemlich viel Kraft dafür. Matze hangelt sich höher und steigt in die nächste Astgabel. Schnaufend kraxelt er immer weiter, bis er endlich den Baumwipfel sehen kann.

»Bin schon oben!«, hört er eine vergnügte Stimme zwischen den Blättern. Da sitzt Mali auf dem höchsten Ast, lässt die Beine baumeln und grinst zu ihm herunter. Sie ist einfach geflogen.

»Das ist nicht fair«, mosert Matze und klettert das letzte Stück hinauf. Dann setzt er sich neben seine Freundin und muss erst mal verschnaufen.

»Möchtest du vielleicht auch Feenflügel haben?«, fragt Mali.

»Nee, nee, lass mal«, sagt Matze und sieht Mali von der Seite an. »Dir stehen sie viel besser als mir.«

Da wird Mali ein bisschen rot und weiß nicht, was sie sagen soll.

Plötzlich hören die beiden, wie tief unter ihnen jemand ruft: »He, bleib sofort stehen!«. Es ist die Stimme eines Mädchens. Sie scheint ziemlich sauer zu sein.

Was da wohl los ist? Matze schiebt einen Zweig zur Seite, damit sie besser sehen können.

Erst erkennen sie nur einen dicken Igel, der am Seeufer stehen geblieben ist und sich verwirrt umschaut. Und dann entdecken sie das Mädchen, das ihm hinterherläuft: Sie ist so groß wie Mali und Matze, hat einen rosafarbenen Rock an, der aussieht wie ein Blütenkelch, und ihre Haare leuchten purpurrot, weil sie sich so ärgert.

»Was willst du von mir?«, fragt der pummelige Igel.

»Du sagst mir jetzt sofort, wo du sie versteckt hast!«, schimpft das Mädchen.

»Wo ich was versteckt habe? Und wer bist du überhaupt?«, will der Igel wissen.

»Ich bin Gloriosa Funkelfee«, erklärt das Mädchen. »Und ich will meine Flügel zurückhaben, und zwar sofort!«

»Aaaach so«, seufzt der Igel. »Das erklärt so einiges.«

Gloriosa sieht ihn verdutzt an: »Wieso?«

»Ich hab schon von dir gehört«, sagt der Igel. »Das wird dir bestimmt nicht gefallen, aber die Tiere hier im Wald haben einen Spitznamen für dich. Sie nennen dich Gloriosa Schusselfee.«

»Waaas?!«, ruft Gloriosa entrüstet. »Also, entschuldige mal!«

»Kann es vielleicht sein, dass du deine Flügel verschusselt hast?«, fragt der Igel.

Oben im Baumwipfel beschleicht Mali das mulmige Gefühl, dass sie ziemlich genau weiß, wo Gloriosas Flügel gerade sind …

»Ich bin überhaupt nicht schusselig! Fast nie verschussele ich was!«, ruft da die kleine Fee empört.

»Und wie war das mit deinem Sternenstaub-Zauberstab und deinen Funkelwollsocken?«, fragt der Igel.

Gloriosa grummelt ein bisschen, sagt aber nichts.

Der Igel ächzt: »Also gut. Wo hast du deine Flügel zum letzten Mal gesehen?«

Das kann Gloriosa ihm genau sagen: Sie hat sie heute Mittag hier am Teichufer abgelegt, bevor sie baden gegangen ist. Dann ist sie auf einem Seerosenblatt ein bisschen eingenickt …

Der Igel wundert sich: »Wieso musst du deine Flügel zum Baden ausziehen? Die sind doch sicher wasserfest?«

»Hundert Prozent regenfest, steht drauf. Aber ich hab ein bisschen Angst, dass sich der Glitzer abwäscht«, erklärt Gloriosa.

»Und wo genau hast du sie hingelegt?«, will der Igel wissen.

»Öh … da, neben die Wurzel«, sagt die Fee. »Also, so ungefähr da. Vielleicht auch ein Stück weiter hinten im Gras. Aber auf jeden Fall ganz in der Nähe.«

Der Igel seufzt: »Na komm, ich helfe dir suchen.«

Während Gloriosa und der Igel im Ufergras verschwinden, sieht Mali Matze Hilfe suchend an. Sie hat ein sehr schlechtes Gewissen.

Matze muss lachen: »Oh weia, Mali! Du hast der Funkelfee die Flügel geklaut!«

»Ganz versehentlich und ohne Absicht«, jammert Mali. »Was mach ich denn jetzt?«

»Du musst sie ihr zurückgeben«, sagt Matze.

Das ist Mali auch klar, aber sie traut sich nicht so recht: »Wenn Gloriosa den Knick sieht … Die schimpft mich bestimmt!«

Matze zuckt die Schultern: »Diese Schusselfee soll froh sein, dass du die Flügel gefunden hast. Wenn sie sie einfach so herumliegen lässt, dass jeder darauf treten kann, ist das doch kein Wunder.«

Mali nickt. Matze hat recht. Sie atmet tief durch und breitet ihre Arme aus. Die Flügel beginnen zu flattern und Mali stößt sich vom Ast ab …

»Was mache ich nur, wenn ich meine Flügel nie mehr wiederfinde«, flüstert Gloriosa ganz verzweifelt und durchstöbert das dichte Ufergras. Da schreckt sie plötzlich zusammen, als direkt neben ihr etwas Grünes ein wenig unelegant zu Boden plumpst: »Huch!«

»Entschuldigung«, stammelt Mali und rappelt sich auf.

Völlig überrumpelt starrt die Funkelfee sie an.

»Tut mir leid, dass ich dich erschreckt habe. Und das mit den Flügeln und dem Knick, also, das tut mir noch fürchterlich viel mehr leid. Ich wollte das nicht, wirklich nicht…«, sagt Mali. Schnell streift sie die Feenflügel ab und gibt sie zurück.

Als Gloriosa ihre Flügel erkennt, strahlt sie auf einmal von einem Feenohr zum anderen.

Der Igel ist inzwischen auch dazugekommen. »Ach, da sind sie ja«, sagt er zufrieden.

»Oh Mannomann«, seufzt Gloriosa zutiefst erleichtert. »Ich dachte schon, ich muss auf ewig flügellos durch die Gegend laufen!« Und dann drückt sie Mali ganz fest und bedankt sich, dass sie auf ihre Feenflügel aufgepasst hat. »Ach, der klitzekleine Knick? Egal, der ist ja kaum zu sehen«, meint sie, flattert los und dreht grazil eine Schleife.

Der Igel sieht Gloriosa streng an: »Aber das nächste Mal, wenn du baden gehst, hängst du die Flügel besser in einen Baum – und merk dir genau, wo!«, ermahnt er sie.

»Ja, mach ich. Großes Schusselfeen-Ehrenwort!«, sagt Gloriosa. »Tschüss, macht's gut!«, ruft sie noch, bevor sie fröhlich davonschwirrt.

Mali sieht ihr nach, wie sie zwischen den Bäumen verschwindet. Fliegen zu können ist schön, denkt sie ein bisschen wehmütig.

»Zumindest weißt du jetzt, wie es sich anfühlt, eine richtige Fee zu sein«, meint Matze und nimmt ihre Hand.

Mali nickt und zusammen träumen sie sich zurück nach Hause in Monas Bett.

»Und? Wie fandet ihr meinen Feen-Traum?«, fragt Mali ihre Freunde.

»Wunderzauberschön«, seufzt Lilli.

»Und lustig«, sagt Mona.

Matze hat sich zuerst gefragt, warum ausgerechnet er in Malis Feen-Traum vorkommt. »Aber dann war's gar nicht so schlecht«, gibt er zu. »Vielleicht sind Feen doch nicht so albern, wie ich gedacht habe.« Morgen, wenn er mit dem Traumreisekissen dran ist, wird er sich einen Piratentraum wünschen.

»Da will ich dann aber auch dabei sein«, fordert Mali.

Matze grinst und drückt Malis Hand. »Klar, dann kannst du allen zeigen, wie mutig du bist.«

Matze und die Rate-Piraten

»Arrrrr!«, grollt Matze und übt schon mal seine bedrohlichste Piratengrimasse. Heute will er sich vom Traumreisekissen einen Piratentraum wünschen.

»Arr-rr?«, macht Mali es ihm nach, aber sie hört sich nicht mal halb so gefährlich an.

Lilli glaubt nicht, dass Mali so irgendjemandem einen Schrecken einjagen kann.

Aber Matze ist das egal. »Ich nehme dich trotzdem mit auf meine einsame Insel«, sagt er zu Mali. »Du musst mir doch helfen, den Piratenschatz zu suchen!«

Mali strahlt.

Dann überlegen alle, was sie auf die einsame Insel mitnehmen würden. Mona würde Papas Handy einpacken, damit sie immer zu Hause anrufen kann. Und Sonnencreme, weil da bestimmt den ganzen Tag die Sonne scheint und Mama meckert, wenn sie sich nicht eincremt. Kleine Puppen brauchen zum Glück keine Sonnencreme. Mali glaubt, dass es auf der Insel ziemlich langweilig werden könnte. Deshalb würde sie Monas dickes Rätselbuch einpacken. Matze bringt natürlich seinen Hund Lucky mit. Nur Lilli kann sich nicht entscheiden, denn es gibt so viel was man auf der einsamen Insel brauchen könnte. Während sie noch grübelt, legt sich Matze schon mal auf das Traumreisekissen. »Kann es jetzt bald mal losgehen?«, fragt er.

Als endlich alle gemütlich zusammengekuschelt in Monas Bett liegen, zählt Matze ganz schnell bis drei, macht die Augen zu und träumt sich in die Südsee ….

Die einsame Insel sieht genauso aus, wie er es sich vorgestellt hatte: ein breiter Sandstrand, Palmen und das weite, türkisgrüne Meer rundherum. Lucky springt aufgeregt im Sand auf und ab und bellt die Wellen an, die auf den Strand schwappen. Und da liegt tatsächlich auch Monas dickes Rätselbuch, sogar ein Kugelschreiber ist dabei.

»Matze, hilf mir mal!«, ruft Mali. Sie will nicht, dass das Buch nass wird, aber es ist viel zu groß und zu schwer, als dass sie es alleine tragen könnte.

Matze packt mit an und schnaufend ziehen sie es weg vom Strand unter die Palmen.

»So was Unnützes«, mosert Matze. »Wir hätten besser was zum Essen mitnehmen sollen. Ein paar Kekse vielleicht.« Er hat nämlich schon richtig Hunger.

»Das Buch ist überhaupt nicht unnütz, das wirst du schon noch sehen!«, schmollt Mali, obwohl sie selber gar nicht genau weiß, ob das mit den Rätseln eine gute Idee war. »Und wo sind eigentlich deine Piraten?!«, lenkt sie schnell ab.

Genau in diesem Moment taucht am Horizont ein Schiff mit blutroten Segeln auf. Als es näher kommt, können Matze und Mali die Piratenflagge am Mast erkennen.

Aufgeregt winkt Matze den Piraten zu. «Hierher! Hierher!«, brüllt er.

Da ankert das Schiff vor der Insel und die Piraten rudern in kleinen Booten zum Strand. Der Oberpirat springt als Erster von Bord. Er hat von allen die wildesten Augenbrauen und einen langen, spitzen Bart.

Mali bleibt lieber in sicherer Entfernung stehen, aber Matze geht auf die Seeräuber zu, streckt die Hand aus und will sich höflich vorstellen: »Ahoi!«, sagt er. »Wir sind …«

»Stopp, stopp, stopp«, unterbricht ihn der Oberpirat. »Lass mich raten. Seid ihr vielleicht die schiffbrüchigen Schornsteinfeger?«

Mali und Matze sehen sich verwirrt an und schütteln die Köpfe.

»Aber vielleicht seid ihr die gestrandeten Gundelsheimer?«, fragt der Pirat.

»Nein«, sagt Matze. »Wir sind …«

»Moment, gleich hab ich's«, unterbricht ihn der Oberpirat schon wieder. »Ihr seid … ähm … ihr seid … hmm …« Ratlos zwirbelt er seine Bartspitze.

Da drängelt sich ein kleines Seeräubermädchen mit roten Wuschelhaaren nach vorne. »Ich weiß es, Papa!«, ruft sie. »Das sind Prinz Blauberg und die Prinzessin von Grünlich und sie wurden von der fiesen Hexe Fliegenpilz auf die Insel verbannt.«

»Tut mir leid«, widerspricht Mali. »Aber das stimmt auch nicht so ganz.«

Matze hat jetzt genug von der Raterei der Piraten. «Ich bin Matze und das ist Mali«, stellt er klar. »Und wer seid ihr?«

»Jo-ho-ho, dreimal dürft ihr raten!«, fordert der Oberpirat sie auf und verschränkt erwartungsvoll die Arme vor dem Bauch.

»Ihr seid … Piraten«, versucht es Matze.

»Nicht schlecht! Du bist schon nahe dran!«, meint der Oberpirat.

Da traut sich Mali nach vorne. »Ich glaube, ihr seid die Rate-Piraten«, sagt sie.

»Jaaaa! Bingo!«, grölen alle Seeräuber auf einmal – so laut, das Mali erschrocken wieder einen Schritt zurückweicht.

»Man nennt uns auch den Schrecken des Traumatischen Ozeans«, erklärt der Ober-Ratepirat mit grollender Stimme. »Ich bin Pinselbart-Pitt, das ist meine Tochter Pilialoha, und der Rest ist meine Mannschaft.«

»Hallo!«, sagt Matze und winkt in die Runde. »Und was macht ihr hier?«, erkundigt er sich dann.

Pinselbart-Pitt wirft sich in die Brust. »Jo-ho-ho, wir suchen einen Schatz!«, dröhnt er. »Auf geht's, Kameraden!«

»Aye, Käpt'n!«, brüllen die Seeräuber zurück. Dann holen sie ihre Schaufeln hervor und beginnen, im Sand zu graben. Lucky buddelt gleich eifrig mit. Er denkt, dass die Piraten nach Hundeknochen suchen.

»Hier könnte einer sein!«, dröhnt der eine Seeräuber.

»Da drüben, harr! Da ist bestimmt was!«, grollt der nächste.

»Ich versuch es mal bei der Palme«, ruft die kleine Piratentochter und schaufelt los.

Matze schaut sie an: »Habt ihr denn keine Schatzkarte?«, fragt er.

»Eine Schatzkarte? Was soll das denn sein?«, fragt Pilialoha.

»Auf einer Schatzkarte steht, wo genau der Schatz versteckt ist«, erklärt Mali.

»So ein Unsinn«, tönt Pinselbart-Pitt. »Wir raten, wo der Schatz ist – schließlich sind wir die Rate-Piraten!«

»Arrrrr!«, grollen die anderen zustimmend.

»Aaah so«, sagt Matze. Kopfschüttelnd schaut er zu, wie die Piraten die halbe Insel umgraben – und natürlich keinen Schatz finden. Langsam knurrt Matze richtig der Magen, und er überlegt, wie sie von dieser Insel jemals wieder wegkommen sollen, denn zu essen gibt es hier offenbar nichts.

»Vielleicht hätten wir ein Ruderboot mitbringen sollen«, sagt Mali.

»Sag das mal dem blöden Traumreisekissen«, meckert Matze, denn wenn er hungrig ist, dann wird er schnell motzig. »Und überhaupt: Was ist das denn für ein oberblöder Traum, mit einer Insel ohne Essen und Piraten, die nicht mal wissen, wie man einen Schatz sucht!«

»Ding ding diiiing«, schallt da die Schiffsglocke über den Strand. Sofort stecken alle Rate-Piraten ihre Schaufeln in den Sand: Zeit fürs Mittagessen!

»Kommt mit, ihr Leichtmatrosen«, sagt Pinselbart-Pitt zu Matze und Mali. »Ihr seid eingeladen. Dreimal dürft ihr raten, was es gibt!«

Der Schiffskoch hat leckere Fischstäbchen gemacht und dazu gibt es Fassbrause aus der Flasche. Die haben die Piraten von einem Getränkelieferschiff erbeutet. Matze und Mali hocken neben Pilialoha an Deck und schlagen sich die Bäuche voll. Nach fünf Fischstäbchen findet Matze seinen Traum schon gar nicht mehr so übel.

Die Mannschaft grölt Seemannslieder und ein Papagei kräht Seeräuberflüche vom Mast. »Pestbeulen! Seegurken!«, plärrt er und: »Dich werd ich zu den Haien schicken!«

Darüber muss Matze lachen.

Mali trinkt gerade ihre Fassbrause aus. Nachdenklich sieht sie die leere Flasche an – da kommt ihr eine Idee. »He, Matze«, flüstert sie. »Sollen wir den Piraten beibringen, wie man wirklich einen Schatz findet?«

Matze schaut sie fragend an. Da beugt sich Mali zu ihm hinüber und wispert verschmitzt etwas in sein Ohr. Und während die Rate-Piraten noch weiterfuttern und grölen, schleichen sich die beiden Freunde heimlich von Bord …

Nach dem Mittagsschlaf – Piraten halten nämlich sehr gerne und lange Mittagsschlaf – entdeckt Pilialoha am Strand eine Brause-Flasche, die im

seichten Wasser schwimmt. Sie fischt sie heraus und sieht, dass in der Flasche ein Stück Papier steckt.

»Nanu, ist da ein Brief drin?«, fragt sie sich und schraubt die Flasche auf. Sie faltet das Papier auseinander und betrachtet es von allen Seiten. Es sieht aus, als ob es aus einem Buch ausgerissen wurde. Darauf ist eine Zeichnung zu sehen mit verschiedenen Linien, Wellen und Strichen, einem Schiff, drei Palmen und einem dicken Kreuz.

Pinselbart-Pitt schaut seiner Tochter über die Schulter. »Komisches Gekrakel«, meint er. »Was soll das denn sein?«

Vielleicht eine Geheimbotschaft oder ein Kinderbild, raten die Rate-Piraten.

»Äh, ich glaube, das ist eine Schatzkarte«, mischt Mali sich ein und ihre Stimme klingt ein bisschen piepsig, wie immer, wenn sie nervös ist.

Matze zwinkert Mali heimlich zu und tut ganz erstaunt. »Ist ja irre!«, sagt er.

Pilialoha lässt den Blick über die Insel schweifen. Da stehen tatsächlich drei große Palmen eng beieinander, genau wie auf der Schatzkarte. Mit dem Finger verfolgt sie die gestrichelte Linie auf dem Papier: »Die Wellen könnten ein kleiner Bach sein. Und wenn wir den überqueren und dann um diesen Hügel herumlaufen, dann kommen wir zu der Stelle mit dem Kreuz.«

»Und da liegt der Schatz«, ergänzt Matze zufrieden.

Pilialoha sieht ihn mit großen Augen an: »Echt wahr?«

Matze rudert schnell zurück: »Also, wenn ihn noch niemand anderes vor uns gefunden hat.«

Aufgeregt läuft Pilialoha mit der Karte in der Hand los. Erst zu den

Palmen, dann über den Bach, um den Hügel herum und noch ein Stück weiter zu der Stelle mit dem Kreuz. Matze, Mali, Lucky und die Rate-Piraten folgen ihr im Gänsemarsch und zählen die Schritte genau mit. Denn jeder kleine Strich auf der Karte steht für einen Schritt, hat Mali erklärt.

»Hundertsiebenundzwanzig, hundertachtundzwanzig, hundertneunundzwanzig – und stopp«, murmelt Pilialoha. Sie nimmt ihre Schaufel zur Hand und beginnt zu buddeln. Die anderen helfen mit. Bald stoßen sie auf etwas Großes, Hartes.

»Der Schatz«, flüstert Pinselbart-Pitt. Eigentlich will er erst dreimal raten, was genau da verborgen ist. Aber seine Mannschaft ist viel zu neugierig. Eilig schaffen sie den Sand zur Seite, um den Schatz zu heben. Zum Vorschein kommt ein dickes Buch – Monas Rätselbuch. Ein Raunen geht durch die Meute.

Ehrfürchtig liest Pilialoha vor, was vorne draufsteht: »Der große Rätselschatz – Tausend Denk- und Ratespiele.«

»Jo-ho-hoooo!«, grölen die Rate-Piraten und freuen sich wie Bolle.

»Das ist der beste Schatz, den wir je gefunden haben!«, brüllt Pinselbart-Pitt. Er ist ganz von den Socken. Besonders viele Schätze hat er nämlich noch nicht entdeckt.

Und während die Piraten feiern und sich gegenseitig kräftig auf die Schultern klopfen, grinsen Matze und Mali in sich hinein und freuen sich mit ihren neuen Freunden.

Weil die Rate-Piraten so dankbar sind, dass Mali und Matze ihnen gezeigt haben, wie man eine Schatzkarte liest, nehmen sie sie in ihre Mannschaft auf. Die beiden dürfen auf dem Schiff mitfahren, solange sie wollen – und Lucky natürlich auch. Zum Glück, denn auf der einsamen Insel gab es wirklich keinen einzigen Hundeknochen. Und so gehen Matze, Mali und Lucky mit Pilialoha an Bord, Pinselbart-Pitt lässt den Anker liften, und schon schippern sie los, über den Traumatischen Ozean, der Sonne und neuen Schätzen entgegen, bis sie wieder sicher in Monas Kinderzimmer landen …

Zu Hause ist es inzwischen dunkel geworden. Mali denkt noch ein wenig über ihr aufregendes Piraten-Abenteuer nach. »Weißt du, wen ich nächstes Mal auf eine einsame Insel mitnehmen würde?«, flüstert sie Matze zu. »Dreimal darfst du raten!«
Aber von Matze ist nur ein leises Schnarchen zu hören.
Da kuschelt sich Mali auch unter die Decke und ist bald tief und fest eingeschlafen.

Mona und der Schrumpelhut

»Aber du hast doch gesagt, dass Mama heute noch nach Hause kommt«, schmollt Mona, als Papa sie ins Bett bringen will.

»Das wird sie auch«, erklärt Papa. »Aber ihr Flugzeug hat Verspätung, und es ist schon fast acht, also höchste Zeit für Mona-Mäuse ins Bett zu gehen.«

»Na gut«, stöhnt Mona und schlüpft unter die Decke.

Papa gibt ihr noch einen Gute-Nacht-Kuss, dann macht er das Licht aus und die Tür hinter sich zu.

Aber Mona ist noch kein bisschen müde. Auch wenn es schon nach acht oder nach zehn oder nach fünfundzwölfzig wäre, könnte sie jetzt nicht einschlafen. Sie will heimlich aufbleiben, bis Mama von ihrer Fortbildung kommt. Also knipst sie ihre Nachttischlampe wieder an.

Mali, Matze und Lilli kommen aus dem Puppenhaus und klettern zu Mona ins Bett. Sie sind auch noch kein bisschen müde und wollen gemeinsam mit Mona warten.

»Und was machen wir jetzt?«, fragt Matze.

Lilli hat eine Idee: »Können wir die Sachen vom Läusemarkt anschauen?«

»Vom Flohmarkt«, berichtigt Mali sie. »Mona war mit ihrer Oma auf dem Flohmarkt.«

»Pfff!«, macht Lilli, weil Mali immer alles besser weiß.

Die Oma hat Mona heute Nachmittag fünf Euro Taschengeld

gegeben, und Mona durfte sich davon kaufen, was sie wollte. Einen ganzen Karton voller toller Sachen hat sie mit nach Hause gebracht: fünf neue Glasmurmeln für ihre Murmelsammlung, ein Buch über Meerschweinchen, eine Lupe, eine fast echte Perlenkette als Geburtstagsgeschenk für Mama und einen alten roten Hut aus Samt mit einer großen Schleife für die Verkleidungskiste.

Lilli schaut sich die Lupe genauer an. »Da kann man aber nicht gut durchschauen«, findet sie. Alles sieht verschwommen aus. »Und wieso hat das Fenster einen Haltegriff?«

Mali weiß das ausnahmsweise mal auch nicht.

»Das ist kein Fenster, sondern eine Lupe«, erklärt Matze. »Die macht kleine Sachen groß. Pass auf, ich zeig's dir!«

Matze hält seine Hand hinter die Lupe und Lilli darf durchschauen. Sie sieht eine dicke, fette Riesenmonsterhand und muss laut lachen.

Mona setzt währenddessen den Hut auf, legt die Perlenkette an und tut so, als ob sie eine feine Dame wäre.

»Der Hut ist irgendwie schrumpelig«, meint Mali und rümpft die Nase.

Aber Mona findet ihn lustig. Selbst als sie und ihre kleinen Freunde schließlich wieder ins Bett klettern, lässt sie den Hut auf. »Jetzt träumen wir eine Runde und dann ist Mama sicher bald da«, bestimmt Mona. Sie legt sich auf das Traumreisekissen und wartet, bis Mali, Matze und Lilli sich links und rechts neben sie gekuschelt haben. »Eins, zwei, drei!« zählt sie und macht entschlossen die Augen zu.

Als Mona die Augen wieder öffnet, liegt sie immer noch im Bett. Erst denkt sie, dass das Kissen gar nicht funktioniert hat. Aber dann merkt

sie, dass sich die Bettdecke auf einmal ganz dick und schwer anfühlt. Komisch … Und das Zimmer sieht plötzlich riesig aus. Sie dreht sich zur Seite und stutzt. »Lilli, wieso bist du auf einmal so groß?«, fragt sie verblüfft.

»Bin ich gar nicht. Du bist klein!«, antwortet Lilli.

Und da merkt Mona, was passiert ist: Sie ist geschrumpft! Und der Hut auf ihrem Kopf mit ihr.

Matze lacht: »Das ist ja witzig. Jetzt bist du genauso klein wie wir!«

Mona kann es zuerst gar nicht glauben, aber dann freut sie sich: Endlich kann sie mal all die Sachen machen, die Lilli, Matze und Mali gerne tun, für die sie aber normalerweise viel zu groß ist. Sie rennt mit Lilli um die Wette und spielt Fangen und Verstecken. Sie kuschelt mit Matzes kleinem Hund Lucky. Sie füttert die drei Goldfische im Aqua-

rium und kocht mit Mali in der Puppenhaus-Küche Kakao. Und sie springt vom Nachttisch auf das weiche Federbett, mit dem Po voran, wie vom Sprungbrett im Freibad.

»Juhuuu!«, ruft Mona und fängt den roten Hut auf, der ihr beim Herumtoben vom Kopf gefallen ist. Schnell setzt sie ihn wieder auf – und da geschieht es: Mit einem Wutsch ist Mona auf einmal noch viel kleiner, wirklich ganz klitzeminiklein. So klein, dass sie Lilli gerade mal bis zum Knöchel reicht!

»Au weia«, sagt Lilli und nimmt die Mini-Mona in ihre Hand.

»Wie ist das denn passiert?«, piepst Mona.

Lilli hat da einen Verdacht: Kann es sein, dass der rote Hut etwas damit zu tun hat? »Ich glaube, der ist nicht nur schrumpelig, der schrumpft dich auch, wenn du ihn aufsetzt«, sagt sie. »Das ist ein Schrumpelhut!«

»Oh nein!«, jammert Mona. »So klein will ich aber nicht bleiben.«

Matze versteht das: »Dann musst du eben wieder wachsen.«

»Aber wie denn?«, fragt Mona.

»Du wächst doch auch so jeden Tag ein Stück«, meint Matze. «Jetzt musst du halt ein bisschen schneller wachsen.«

»Ich glaube nicht, dass das geht«, jammert Mona. Auf einmal hat sie einen Kloß im Hals.

»Natürlich geht das!«, sagt Lilli. Monas Oma meint immer, dass man viel Milch trinken soll, damit man groß und stark wird. Daran muss Lilli jetzt denken. »Haben wir noch Milch im Kühlschrank?«, fragt sie.

Mali geht gleich nachschauen.

»Und Gemüse!«, ruft Lilli ihr nach.

Doch Mona ist so klein, dass sie von der Milch gerade mal ein paar Tropfen trinken und ein winziges Stück Brokkoli essen kann. Und gewachsen ist sie davon kein bisschen.

Aber Lilli lässt sich nicht entmutigen. Sie trägt die Mini-Mona hinunter in den Garten und stellt sie in ihr Blumenbeet zwischen die Sonnenblumen, die sie vor ein paar Tagen gepflanzt haben.

»Hilf mir mal!«, ruft sie Matze zu und zerrt an Monas Kindergießkanne. Die Gießkanne ist halb voll mit Regenwasser und ziemlich schwer. Aber zu zweit schaffen sie es, sie zu kippen.

»Äh … ich glaube, das ist keine gute Idee!«, will Mona noch rufen, da prasselt es schon wie ein Gewitterregenschauer auf sie herab. Mona wird klatschnass. Aber klitzeklein bleibt sie trotzdem.

»Hmmm. Wenn sie nicht wächst, müssen wir sie vielleicht groß ziehen«, überlegt Lilli und will schon an Monas Armen ziehen.

»Aua!«, quietscht Mona und macht sich los. »Jetzt reicht's aber! Ich bin doch nicht aus Gummi!«

»Dann muss du halt für immer klein bleiben«, meint Lilli eingeschnappt.

Doch das will Mona natürlich auch nicht. Für eine Weile grübeln alle vier Freunde still vor sich hin, was sie noch tun können.

Da hat Mona eine Idee: die Lupe! Matze hat es doch gesagt: Eine Lupe macht Dinge groß. Warum sollte sie also nicht auch Kinder wieder groß machen können? Außerdem hat sie die Lupe von dem gleichen Flohmarktstand gekauft wie den Hut. Es könnte also gut sein, dass die beiden Sachen etwas miteinander zu tun haben.

Zurück im Kinderzimmer halten Matze, Mali und Lilli gemeinsam die Lupe über Mona.

Da beginnt es in Monas Fingern und Zehen ganz komisch zu kribbeln. Plötzlich macht es wutsch! … und Mona fängt an zu wachsen.

»Es klappt!«, jubelt Lilli.

Beim ersten Wutsch ist Mona so groß wie ihre Puppenfreunde … dann so hoch wie das Bett … dann wie die Nachttischlampe … und sie wächst immer weiter!

»Stopp!«, ruft Mona schnell, bevor sie zu riesig wird.

Da lassen Mali, Matze und Lilli die Lupe fallen. Gerade noch rechtzeitig. Mona steht vor ihnen und ist wieder so groß wie ein ganz normales Kindergartenkind.

»Puh«, schnauft Mona erleichtert und schüttelt sich ein bisschen, um das kribbelige Gefühl loszuwerden.

»Haben wir doch gut hingekriegt«, meint Lilli und grinst sie verschmitzt an.

Als Monas Mama leise die Kinderzimmertür aufmacht und den Kopf hereinsteckt, wacht Mona auf. Sie muss wohl doch irgendwann richtig eingeschlafen sein, obwohl sie ja heimlich auf Mama warten wollte.

»Mona-Maus, du schläfst ja gar nicht!«, flüstert Mama. Sie ist gerade vom Flughafen gekommen.

Mona drückt ihre Mama ganz fest und freut sich, dass sie endlich zurück ist.

»Was hast du denn da?«, fragt Mama, als sie den Schrumpelhut auf Monas Kissen entdeckt. »Das ist aber ein lustiges Ding«, sagt sie und will ihn sich auf den Kopf setzen.

»Nein, nicht!«, ruft Mona ängstlich.

Mama sieht sie verwundert an: »Was ist denn? Steht der mir nicht?«, fragt sie. Natürlich ist Mama noch genau so groß wie immer, auch mit dem Hut auf dem Kopf.

»Ach, nix«, sagt Mona und muss lachen. Das Traumreisekissen erfindet manchmal ganz schön verrückte Geschichten, denkt sie sich. Aber das sagt sie lieber nicht.

»Na dann gute Nacht, meine Maus«, flüstert Mama und gibt Mona einen dicken Kuss.

»Gute Nacht!«, flüstert Mona zurück. Und als sie die Augen wieder zumacht, kribbelt es ganz warm und froh in ihrem Bauch.

Teresa Hochmuth ist eine erfolgreiche Drehbuch- und Hörspielautorin und lebt mit ihrer Familie in München.

Maria Bogade arbeitete nach ihrem Studium an der HdM in Stuttgart zunächst im Animationsfilmbereich. Die Liebe zu Pinsel, Stift und Papier zog sie dann aber 2011 ganz in ihren Bann und seitdem ist sie freischaffende Illustratorin und Autorin. Mit ihrer Familie lebt Maria Bogade im Herzen des Schwäbischen Waldes.

Von den Little Friends sind folgende Bücher und Hörspiele erschienen:

Bilderbücher ab 3 Jahre:
HABA Little Friends – Lilli und die Aufräum-Räuber (17544)
HABA Little Friends – Lilli und das Pony-Picknick (17543)

Vorlesebücher ab 4 Jahre:
HABA Little Friends – Lilli findet neue Freunde (17551)
HABA Little Friends – träum schön, Lilli (17545)

Hörspiele:
HABA Little Friends – Lilli findet neue Freunde. Vier kleine Puppen-Abenteuer (3689)
HABA Little Friends – Lilli und Pippa, das Pony. Vier kleine Puppenabenteuer (3700)
HABA Little Friends – Lilli will schwimmen. Vier kleine Puppenabenteuer (4118)
HABA Little Friends – Lilli und der Geburtstagshund (4120)